Antony Fedrigotti

30 Minuten

Stressbewältigung

Mit einem Vorwort von Prof. Kurt Tepperwein

Bibliografische Information der Deutschen Bibliothek

Die Deutsche Bibliothek verzeichnet diese Publikation in der Deutschen Nationalbibliografie; detaillierte bibliografische Daten sind im Internet über http://dnb.ddb.de abrufbar.

Umschlaggestaltung: die imprimatur, Hainburg
Umschlagkonzept: Martin Zech Design, Bremen
Lektorat: Sandra Klaucke, Frankfurt/Main
Satz: Zerosoft, Timisoara (Rumänien)
Druck und Verarbeitung: Salzland Druck, Staßfurt

© 2000 GABAL Verlag GmbH, Offenbach
11., überarbeitete Auflage 2011

Hinweis:
Das Buch ist sorgfältig erarbeitet worden. Dennoch erfolgen alle Angaben ohne Gewähr. Weder Autor noch Verlag können für eventuelle Nachteile oder Schäden, die aus den im Buch gemachten Hinweisen resultieren, eine Haftung übernehmen.

Printed in Germany

978-3-86936-294-6

In 30 Minuten wissen Sie mehr!

Dieses Buch ist so konzipiert, dass Sie in kurzer Zeit prägnante und fundierte Informationen aufnehmen können. Mithilfe eines Leitsystems werden Sie durch das Buch geführt. Es erlaubt Ihnen, innerhalb Ihres persönlichen Zeitkontingents (von 10 bis 30 Minuten) das Wesentliche zu erfassen.

Kurze Lesezeit

In 30 Minuten können Sie das ganze Buch lesen. Wenn Sie weniger Zeit haben, lesen Sie gezielt nur die Stellen, die für Sie wichtige Informationen beinhalten.

- Alle wichtigen Informationen sind blau gedruckt.

- Schlüsselfragen mit Seitenverweisen zu Beginn eines jeden Kapitels erlauben eine schnelle Orientierung: Sie blättern direkt auf die Seite, die Ihre Wissenslücke schließt.

- *Zahlreiche Zusammenfassungen innerhalb der Kapitel erlauben das schnelle Querlesen.*

- Ein Fast Reader am Ende des Buches fasst alle wichtigen Aspekte zusammen.

- Ein Register erleichtert das Nachschlagen.

Inhalt

Vorwort *von Prof. Kurt Tepperwein*   6

Testen Sie Ihren Stresspegel   8

1. Was ist Stress?   11
　Wie entsteht Stress?   15
　Arten von Stress   18

2. Lebensqualität statt Stress   23
　Warum haben Sie Stress?   24
　Steigern Sie Ihre Lebensqualität   27
　Lebensqualität entsteht im Kopf   29
　Kreativ handeln statt reagieren   32

**3. Gedankendisziplin – denn Stress beginnt
　im Kopf**   35
　Mit Karten zur Gedankendisziplin   38
　Die eigene Sichtweise ändern   40

4. Positive Einstellung als Grundhaltung   45
　Wie Kritik und Stress zusammenhängen   46
　Die guten Seiten sehen   48
　Worte beeinflussen Ihre Gefühle   51

5. Stress vermeiden, Stress loslassen   **57**

Möglichkeiten im Büro   58

Möglichkeiten beim Autofahren   60

Möglichkeiten im Zug und im Flugzeug   63

Möglichkeiten während des Sports   64

6. Die Kraft der Konzentration   **67**

Übungen für den Alltag   67

Bewährte Konzentrationstechniken   74

Dem Stress davonlaufen   79

Stress vermeiden durch richtige Zeitplanung   82

Fast Reader   **87**

Weiterführende Literatur   **94**

Register   **95**

Vorwort

Stress ist Phänomen unserer Zeit. Wir erleben Stress im Beruf, im Alltag, im Sport. Viele betonen, im Stress zu sein, um ihren Status hervorzuheben.

Ohne Stress besser leben

Aus meiner jahrzehntelangen praktischen Erfahrung mit meinen Patienten weiß ich, dass Stress *nur* Nachteile hat. Immer wieder konnte ich erleben, wie Menschen ein völlig neues Leben begonnen haben, sobald sie die Mechanismen der Stressentstehung und Stressbewältigung verstanden hatten.

Leistungsfähiger ohne Stress

Jeder kann ohne Stress deutlich mehr leisten. Ein Manager wird ohne Stress sicher bessere Entscheidungen treffen als mit Stress. Wenn Sie im Leben viel erreichen wollen und es vor allem nicht unnötig verkürzen wollen, dann ist der erste Schritt, sich vom Stress zu lösen und innere Gelassenheit zu lernen. Leben Sie aus Ihrer eigenen Mitte heraus, und Sie werden die richtigen Entscheidungen treffen.

Sie sind Schöpfer, Träger und vor allem Gestalter Ihres eigenen Schicksals – vor allem auch bestimmen Sie, wie Sie mit Stresssituationen umgehen. Es liegt in Ihrer Hand, ein Leben in Gelassenheit, Gesundheit und Freude zu leben.

Konkrete Hilfen gegen Stress

In diesem Buch zeigt mein Freund Antony Fedrigotti in klarer Form, wie wenig Sie tun müssen, um Stress für immer loszuwerden. Sie erfahren, wie Stress entsteht und wie Sie ihn loslassen können. Das ist einfacher, als Sie denken. Wenn Sie die notwendigen Schritte gehen, wird sich Gelassenheit einstellen.

Lassen Sie sich von diesem Buch inspirieren und genießen Sie in Zukunft ein Leben ohne Stress. Ihr Körper wird es Ihnen danken.

Ihr
Kurt Tepperwein

Testen Sie Ihren Stresspegel

	Ja	Teilweise	Nein
1. Sind Sie häufig unzufrieden?	☐	☒	☐
2. Regen Sie sich leicht auf, selbst bei Kleinigkeiten?	☐	☐	☒
3. Sind Sie immer in Zeitdruck?	☐	☒	☐
4. Sind Sie eifersüchtig?	☐	☐	☒
5. Verlieren Sie leicht die Geduld?	☐	☐	☒
6. Werden Sie nervös, wenn jemand langsam spricht?	☒	☐	☐
7. Sind Sie empfindlich?	☒	☐	☐
8. Fühlen Sie sich in Gegenwart von Autoritäten (Chef, Vorgesetzten) eher unsicher?	☒	☐	☐
9. Machen Sie sich oft Sorgen?	☐	☒	☐
10. Nehmen Sie alles sehr genau?	☒	☐	☐
11. Meinen Sie alles selbst machen zu müssen?	☒	☐	☐
12. Wollen Sie beruflich immer mehr?	☒	☐	☐
13. Haben Sie manchmal Angst?	☒	☐	☐
14. Ist Ihre Gesundheit öfter angeschlagen?	☐	☒	☐
15. Leiden Sie unter Magenbeschwerden?	☐	☐	☒
16. Haben Sie öfter Kopfschmerzen?	☐	☐	☒

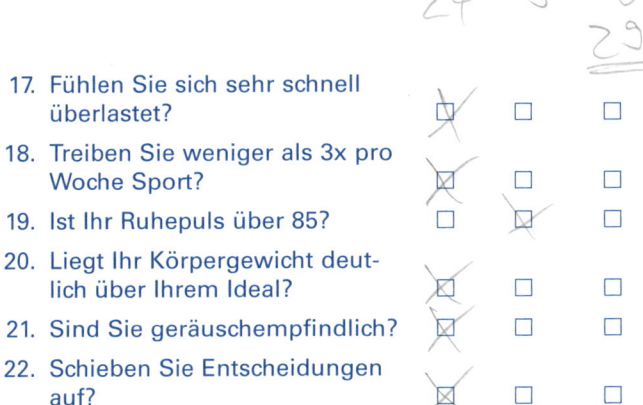

17. Fühlen Sie sich sehr schnell überlastet?

18. Treiben Sie weniger als 3x pro Woche Sport?

19. Ist Ihr Ruhepuls über 85?

20. Liegt Ihr Körpergewicht deutlich über Ihrem Ideal?

21. Sind Sie geräuschempfindlich?

22. Schieben Sie Entscheidungen auf?

Werten Sie aus, indem Sie jedem Ja 2 Punkte, jedem Teilweise 1 Punkt und jedem Nein 0 Punkte geben. Addieren Sie.

Auswertung

0-6 Punkte: Dieses Buch ist eine interessante Lektüre, doch Stress kann Ihnen wenig anhaben.

7-12 Punkte: Sie werden in diesem Buch wichtige Anregungen finden, um Stress, unter dem Sie gelegentlich leiden, loszuwerden.

13-18 Punkte: Lesen Sie das Buch intensiv und beseitigen Sie einige unnötige Stressauslöser.

19-26 Punkte: Sie sollten das Buch schnell und gut lesen und sofort mit der Umsetzung beginnen.

Mehr als 27 Punkte: Sie leiden stark unter Stress. Dieses Buch kann Ihnen Tipps geben, wie Sie Ihren Dauerstress reduzieren. Ich empfehle es Ihnen dringend.

30 MINUTEN

Was läuft bei Stress in Ihrem
Körper ab?

Seite 17

Wissen Sie, wie man Stress defi-
niert?

Seite 17

Kennen Sie den Unterschied zwischen Disstress und Eustress?

Seite 19

1. Was ist Stress?

Haben Sie dieses Buch gekauft, um endlich Ihren Stress loszuwerden? Kommt in Ihnen jetzt ein unruhiges, vielleicht sogar stressiges Gefühl auf, weil Sie im Grunde gar keine Zeit haben, in diesen Seiten zu blättern? Hallo Stress! Gerade deshalb ist es wichtig, dass Sie sich einige Minuten Zeit nehmen, um zu erfahren, welche Möglichkeiten es tatsächlich gibt, um frei von Stress zu werden. Ohne Stress werden Sie sicher nicht weniger leisten, im Gegenteil, meist sogar mehr. Es wird auch nicht so sein, dass Sie nicht manchmal unter Druck stehen – nein, es bedeutet einfach, dass Sie Kontrolle über die Abläufe haben: über Ihre Reaktionen, Ihr Verhalten, Ihr Gefühl und Ihre Einstellung.

Sich ständig weiterentwickeln

Sollte es Sie Überwindung kosten, Zeit in das Lesen dieses Buches zu investieren, denken Sie bitte daran, dass Sie ohne neuen Input, ohne neue Erkenntnisse, ohne Denkanstöße immer gleich bleiben werden. Nichts ändert sich, wenn Sie es nicht ändern. Ein Naturgesetz besagt, dass eine Masse so lange in eine Richtung drängt, bis eine äußere Kraft einwirkt. Wir können statt „Masse" auch „Verhalten" einsetzen: Kommt uns nichts dazwischen, sehen wir doch wenig Anlass, irgendetwas zu ändern, oder? Wir nennen dies auch Lernen durch Erleben oder Lernen durch Druck.

Körperliche Belastung durch Stress

Im Fall von Stress sollten Sie allerdings nicht so lange warten, bis Sie möglicherweise irreparable gesundheitliche Schäden haben. Entscheiden Sie sich vorher. Entscheiden Sie hier und jetzt, ab sofort alles zu tun, um Stress zu minimieren, um ihn möglichst ganz zu vermeiden. Ich prophezeie Ihnen: Sie werden ihn nicht vermissen, im Gegenteil, manch einer beginnt erst dann richtig zu leben.

Persönliche Verpflichtung

Erlauben Sie sich, eine Verpflichtung sich selbst gegenüber einzugehen: „Ich bin bereit, Stress abzubauen." Vielleicht tun Sie dies Ihrer Gesundheit wegen, für Ihren Partner oder für Ihre Kinder. Es gibt unzählige Gründe, obwohl es eigentlich keinen Grund braucht, sondern einfach nur den Willen, nicht fremdgesteuert zu werden.

Verpflichten Sie sich zu einer schriftlichen Aussage. Dann kann eine neue Reise beginnen zu mehr Freiheit, mehr Freude, mehr Gesundheit, mehr Lebensqualität.

Ich, _Holger_ , bestätige mir selbst gegenüber, dass ich ab heute alles mir Mögliche tun werde, um schädlichen Stress Schritt für Schritt abzubauen. Ich gebe nicht auf, bevor ich dieses Ziel erreicht habe! Ich bestätige das mit meiner Unterschrift.

Datum _25.5.14_ Unterschrift _H. Treek_

Wachstum statt Stillstand

Ein zweites Naturgesetz sagt, dass die Natur auf Wachstum ausgerichtet ist und sich dabei immer an den besten Möglichkeiten orientiert. Die Natur ist nicht statisch, denn das würde ihren Zusammenbruch bedeuten. Sie ist immer im Wachstum, in der Entwicklung. Wir Menschen dagegen glauben, einen erreichten Zustand erhalten zu können und nichts mehr verändern zu müssen. Doch jeder Stillstand bedeutet Rückschritt.

Stellen Sie sich vor, jemand hat seine Schulausbildung abgeschlossen und beschließt: „Jetzt reicht es mir mit dem Lernen, ich habe genug." Das geht vielleicht ein paar Jahre gut, doch dann sind Entwicklung und Weiterkommen ausgeschlossen. Ohne Lernen werden Sie in Ihrem Beruf nicht weiterkommen. Ohne Lernen werden Sie immer so bleiben, wie Sie heute sind. Sollten Sie nur mit Blick auf die Rente leben, dann sind Sie jetzt schon älter als manche Siebzigjährigen, die vor Begeisterung und Ideen sprühen.

Altwerden kann auch anders sein: mit Freude Dinge tun, die Spaß machen, jeden Tag dankbar sein und genießen. Das allerdings erreichen Sie nur, wenn Sie jetzt schon beginnen, den Stress zu managen. Orientieren Sie sich dabei an den bestmöglichen Verhältnissen. Stellen Sie immer wieder dieselbe Frage: „Kann ich das, was ich tue, anders, besser machen? Gibt es eine Möglichkeit, meine Haltung und meine Einstellung in dieser Situation zu verbessern?"

Erfolgsfaktor Konzentration

Ein drittes Naturgesetz besagt: Je stärker die Konzentration auf eine Sache, desto stärker die Entwicklung. Lernen wir von der Natur. Wenn ein Baum im Frühjahr seine Triebe wachsen lässt, kommt er kaum auf die Idee, Blüten und Blätter zu vergessen und gleich die Früchte zu entwickeln. Nein, er überspringt keinen Schritt. Er konzentriert sich immer auf die aktuelle Situation und gibt in dieser alles. Lässt er die Blüten wachsen, dann macht er das mit voller Kraft – das Ergebnis sehen wir jeden Frühling in voller Farbenpracht. Ist die Zeit der Blüten vorbei, dann konzentriert er sich ganz auf die Früchte, bis sie in Vollendung gereift sind. Sind die Früchte gereift, fallen diese ab und der Baum zieht sich zur Ruhe, zur Erholung zurück. Er produziert nicht rund um das Jahr Früchte, sondern immer periodisch, gemäß seiner Natur, seinem Plan.

Die unmittelbare Zukunft vor Augen

Was können wir davon lernen? Konzentrieren auch Sie sich auf den nächsten Schritt und gehen Sie diesen mit vollem Herzen, mit ganzem Einsatz. Ist dieser beendet, dann erst zum nächsten. Eine solche Vorgehensweise hilft Ihnen, Stress abzubauen und neuen zu vermeiden. Unternehmen Sie einen Schritt nach dem anderen, nicht alles auf einmal. Sagen Sie nie, „ab sofort habe ich keinen Stress mehr", sagen Sie lieber: „Ich werde mir meiner Stressoren bewusst und lasse den Stress immer mehr los. Ich gebe mein Bestes und freue mich an mehr Ruhe, mehr Gelassenheit, mehr Gesundheit, mehr Ausstrahlungskraft."

Wie die Natur, so sollten auch Sie sich ständig *weiterentwickeln. Stillstand bedeutet Rückschritt. Nehmen Sie sich jedoch nicht zu viel vor, sonst entsteht Stress. Konzentrieren Sie sich immer auf das, was Sie gerade tun. Schritt für Schritt werden Sie so zu guten Ergebnissen kommen – und das ohne Stress.*

1.1 Wie entsteht Stress?

Heute ist es schon fast Mode, unter Stress zu stehen. Viele definieren ihre Bedeutung dadurch, sagen zu können, dass sie dauernd unter Stress sind. Stress im Beruf, Stress mit der Familie, ja sogar Stress im Sport. Wer einen aufgeräumten Schreibtisch hat, wird als jemand angesehen, der wenig zu tun hat.

Stress in der Freizeit

Stress hat sich mittlerweile auch schon in die Freizeit eingeschlichen. Ende der 80er-Jahre gab es eine Untersuchung über den Freizeitstress – ein Begriff, der bis in die 60er-Jahre nicht bekannt war. Die am häufigsten genannten Stress auslösenden Freizeitsituationen waren:

Gedränge	73 %
Gestörtes Ruhebedürfnis	64 %
Pflichtbesuche	60 %
Familientreffen	59 %
Verkehrsstau	58 %
Veranstaltungslärm	55 %
Musikalische Dauerberieselung	42 %
Zu viel vorgenommen	42 %
Alleinsein	33 %

(Quelle: BAT Freizeitforschungsinstitut 1987)

Stress wird häufig dem Beruf zugeordnet, was längst nicht mehr den Tatsachen entspricht. Stress finden Sie heute überall:

- Welches Fernsehprogramm sehen wir uns heute an?
- Wo wollen wir heute Abend hingehen?
- Welche Farbe soll ich wählen?
- Wo verbringen wir den Urlaub?
- Warum kommt der Zug zu spät?
- Warum werde immer ich kritisiert?

All diese Fragen können Stress erzeugen. Ob die Situation tatsächlich zu Stress bei Ihnen führt, hängt von Ihrem persönlichen Stresslevel ab.

Stress ist eine körperliche Reaktion

Stress entsteht durch eine chemische Reaktion in unserem Körper, die vor etlichen Millionen Jahren eingerichtet wurde. Als die Menschheit noch im Urwald herrschte, hat der Organismus gelernt, die so genannten Kampfhormone Adrenalin und Noradrenalin auszuschütten. Bahnte sich eine Gefahr an – war ein Angriff eines Gegners oder eines wilden Tieres zu erkennen –, hat das Gehirn in Sekundenschnelle diese Hormone ausgeschüttet.

- Das Adrenalin, das das Blut erreicht, erhöht die Blutgerinnung, ruft der Leber Glukose und Blutfette ab, um so den Muskeln mehr Energie zur Verfügung stellen zu können.
- Das Noradrenalin beschleunigt den Herzschlag, damit auch den Blutkreislauf sowie die Nähr- und Sauerstoffversorgung. Die Nieren werden angewiesen, weniger Wasser über die Harnwege auszuscheiden, damit bei der Flucht Flüssigkeit zur Kühlung bereitsteht.

Diese ausgeprägten körperlichen Reaktionen bei Stress waren damals sinnvoll, heute brauchen wir diesen Mechanismus in dieser Art nicht mehr. Unser Organismus reagiert aber immer noch genauso, er steht unter Spannung und findet häufig kein Ventil. Stress ist die Folge.

Definition von Stress

Hans Selye (1907–1982), der Vater und wohl bekannteste Vertreter der modernen Stressforschung, hat eine

Definition für Stress geprägt, die auch heute noch Gültigkeit hat:

> „Stress ist die nichtspezifische Reaktion des Körpers auf jegliche Anforderungen, die an ihn gestellt werden, sei nun die Anforderung angenehm oder nicht."

Stress ist eine Reaktion unseres Körpers auf Gefahren, die seit Tausenden von Jahren gleich geblieben sind, obwohl sich die Umweltbedingungen geändert haben. Durch die ausgeprägte, der heutigen Umwelt nicht mehr angemessene Hormonausschüttung entsteht Stress.

1.2 Arten von Stress

Selye sprach gewöhnlich von zwei Arten von Stress. Sitzt jemand auf dem Behandlungsstuhl beim Zahnarzt, erlebt er Stress, genauso jemand, der leidenschaftlich küsst. Während die eine Situation als unangenehm empfunden wird, ist die andere angenehm. Im Körper laufen jeweils die gleichen biochemischen Prozesse ab. Sowohl Schmerz als auch höchste Freude erzeugen Stress. Entscheidend ist nicht der physische Stimulus, sondern vielmehr die Haltung, mit der wir ihn aufnehmen. Selye gelangte zur Erkenntnis, dass der gesamte menschliche Organismus über ein System der allgemeinen Abwehr verfügt. Bei großer Belastung sorgt der Körper für Ausgleich, er entwickelt laut Selye eine Adaptionsenergie, was bedeutet, dass der Körper sich der neuen Herausforderung anpasst. Der Organismus wird ohne Fremdenergie (durch beispielsweise Essen) ausgeglichen.

Nicht nur geistige, sondern auch körperliche Belastung erzeugt im Körper Stress. Hitze oder Kälte, hohe sportliche Beanspruchung, Blutverlust oder zu viel Essen können zu Stress führen. Kommt zur körperlichen Belastung der heute verbreitete psychische Stress hinzu, werden die Reserven des Körpers schnell aufgebraucht – was nicht nur im Verhalten, sondern auch im Aussehen sichtbar wird.

Disstress und Eustress

Ist Stress gut oder schlecht? Beides. Die Stressforschung nach Selye hat die Begriffe Disstress und Eustress geprägt.

- Als Disstress bezeichnete er die schädliche, hinderliche Art von Stress. Den Stress, der uns Energie raubt.
- Eustress (griechisch *eu* = gut) nannte er den Stress, der uns Energie gibt, uns aufbaut, uns zu Höchstleistungen anspornt.

Sehen Sie Stress nicht als Statussymbol. Wir sollten Entspannung, Ruhe und Freude nicht als Luxus bezeichnen, denn eines ist sicher: Ihr Lebenssinn ist nicht, ständig unter Spannung, Druck und nah dem gesundheitlichen Zusammenbruch zu leben. Viel Stress bedeutet nicht, dass Sie viel leisten. Viel Stress bedeutet, dass Sie Ihr Leben nicht im Griff haben und ferngesteuert sind.

Disstress beseitigen

Der einzige Sinn von Disstress ist herauszufinden, warum Sie immer wieder in solche Situationen geraten, und diese dann ganz gezielt zu lösen. Was für Sie Stress ist, das können nur Sie selbst bestimmen. Ein Anhaltspunkt kann sein: Wenn Sie dauernd angespannt, nervös und gereizt sind, wenn Sie unter körperlichen Beschwerden leiden, dann sollten Sie sich daran machen, eine Lösung für Ihren Stress zu suchen.

Stress ist eine Reaktion Ihres Körpers auf Belastungen.

30

- *Lassen Sie Veränderungen in Ihrem Leben zu. Nur wer sich weiterentwickelt, bleibt nicht stehen.*

- *Stress ist kein Beweis dafür, dass Sie viel zu tun haben, dass Sie wichtig sind. Stress ist vielmehr ein Zeichen dafür, dass Sie Ihr Leben nicht im Griff haben.*

- *Unterscheiden Sie zwischen Disstress, der Ihnen Energie raubt, und Eustress, der Sie zu neuen Leistungen beflügelt.*

30 MINUTEN

Wissen Sie, warum Sie unter Stress stehen?

Seite 24

Was bedeutet für Sie persönlich Lebensqualität?

Seite 27

Wie können Sie vermeiden, von den Umständen beherrscht zu werden?

Seite 29

2. Lebensqualität statt Stress

Die Frage nach dem Sinn Ihres Lebens können wir mit diesem Buch nicht klären, aber es kann nicht der Sinn sein, sich laufend Sorgen zu machen, im Stress zu leben und irgendwann krank und gebrechlich zu sterben. Der Sinn könnte sein, dass wir Herausforderungen annehmen, an uns arbeiten und mit unseren Fähigkeiten einen Beitrag für die Gesellschaft leisten.

Was wollen Sie in Ihrem Leben:

1. Gelebt werden?
2. Selbst bestimmen?
3. Opfer der Umstände sein?

Eine Antwort auf diese Frage tragen Sie, meist unbewusst, in sich. Ziel könnte auch sein, ein Leben in Gesundheit, Freude und in Glück zu leben. Ein Traum, unrealistisch? Es kommt auf Ihren Standpunkt an. Sie werden tendenziell immer in ähnliche Stresssituationen kommen, diese werden sich wie ein roter Faden durch Ihr Leben ziehen. Ihre Stressoren werden meist dieselben sein. Und sie wirken so lange, bis Sie eine andere Haltung, eine neue Sicht einnehmen. Wovon Sie überzeugt sind, das wirkt. Ihre Überzeugungen erzeugen Wirklichkeit.

2.1 Warum haben Sie Stress?

Beantworten Sie spontan folgende Fragen, am besten schriftlich:

- Was bringt Sie immer wieder in Stress?
- Was oder wer stört Sie am meisten?
- Was raubt Ihnen am meisten Energie?
- Sind diese Faktoren in Ihrem Einflussbereich?
- Können Sie die Situation ändern?

Ergänzen Sie bitte, ebenfalls spontan, folgende Aussagen:

Unter Stress fühle ich mich ... _____
_____
_____

Am liebsten würde ich dann ... _____
_____
_____

Das größte Hindernis, immer frei von Stress zu sein, ist für mich ... _____
_____
_____

> Wenn ich ruhig wäre, würde ich Folgendes anders machen ..._____
> _____
> _____

Was ist Ihre tiefere Wahrheit, die in Ihnen steckt? Welche Überzeugungen haben Sie? Warum brauchen Sie Ihren Stress?

Stress ist erlernt

Stress ist ein Muster, eine erlernte Verhaltensweise. Sie werden nicht als Stresskind geboren. Sie lernen erst im Laufe Ihrer Erziehung und Ihres Lebens, was Stress bedeutet. Sie entwickeln für sich persönlich eine Überzeugung, die beispielsweise lauten könnte:

- „Wenn ich unter Stress bin, dann fühle ich, dass ich lebe."
- „Wenn ich Stress habe, dann habe ich das Gefühl, viel zu leisten."
- „Ich bin erst gut, wenn ich unter Druck stehe."
- „Seht her, wie ich das alles meistere – und das bei diesem Stress."
- „Bin ich nicht gut, dauernd unter Stress und trotzdem so tüchtig?"

Gewinnformel ohne Vorteil?

Diese Aussagen müssen keineswegs der Wahrheit entsprechen. Sie haben sich jedoch im Lauf unseres Lebens als unsere Gewinnformel ausgeprägt.

Wie Ihre persönliche Gewinnformel lautet, können Sie bei der spontanen Beantwortung der Fragen auf den Seiten 24 und 25 nachlesen. Wir glauben, unsere Gewinnformel bringt uns Vorteile, meist verteidigen wir sie noch. Doch Achtung, sie muss weder logisch sein noch muss für Sie ein konkreter Vorteil mit ihr verbunden sein. Es ist einfach eine Überzeugung, die sich irgendwann einmal eingeschlichen hat und die wir dann oft jahrzehntelang, manchmal ein ganzes Leben lang pflegen.

Vorteile durch Stress?

Ihr biologisches Überlebensprogramm meint einen Vorteil zu haben, wenn Sie dauernd unter Stress stehen, und erklärt diesen scheinbaren Vorteil zu seiner Gewinnformel. Versuchen Sie daher, Ihre persönliche Gewinnformel herauszufinden. Erst wenn Sie Ihre inneren Überzeugungen kennen, dann können Sie sie bewusst ändern. Ansonsten werden Sie gelebt.

Meinung anderer einholen

Beobachten Sie Ihre Stresssituationen möglichst objektiv. Bewerten Sie nicht, sondern stellen Sie einfach fest. Wenn Sie allein nicht weiterkommen, bitten Sie Freunde um Rat:

- „Ich komme einfach nicht in die Gänge. Was, meinst du, könnte ich anders machen?"
- „Ich schaffe meine Arbeit nie, wie machst du das?"
- „Was würdest du an meiner Stelle machen?"

- „Fällt dir an mir etwas auf, wodurch ich mir mein Leben erschwere?"
- „Ich will mehr Zeit haben, hast du eine Idee dazu?"
- „Ich habe Stress im meinem Beruf, was könnte ich ändern?"

Sie werden erstaunt sein, wie viele gute Tipps Sie bekommen. Ein Außenstehender ist nicht „betriebsblind", er sieht die Dinge objektiver. Wenn Sie von anderen um Rat gefragt werden, dann wissen Sie doch sicher auch sofort eine Lösung, oder?

Wenn Sie unter Stress stehen, hat das einen Grund. Sie wurden nicht mit Stress geboren, sondern haben ihn erlernt. Ihre ganz persönliche so genannte Gewinnformel liefert Ihnen einen Grund, warum Sie den Stress zulassen. Versuchen Sie herauszufinden, welche Vorteile es Ihnen (scheinbar) bringt, Stress zu haben. Erst dann können Sie Ihren Stress bewältigen.

2.2 Steigern Sie Ihre Lebensqualität

Der Gegenpol von Stress ist die Freude. Freude in Ihrem Leben fördert Ihre Gesundheit und liefert Ihnen Energie. Ihr Gehirn ist ein neuronales Netzwerk, das alles nahtlos aufgezeichnet hat – von Geburt an. Das, was Sie schon als Kind als stressig empfunden haben, wird sich im Laufe Ihres Lebens hochgeschaukelt haben. Stress ist nicht angeboren, sondern wird mühevoll erlernt. Daher sollten Sie sich die stressigen Situationen bewusst machen, nur dann ist eine dauerhafte Lösung möglich. Sie müssen also die Gewinnformel, die dem Stress die Nahrung gibt, ändern. Schaffen Sie sich eine neue Gewinnformel, die beispielsweise lauten kann: „Ich brauche keinen Stress, ich schaffe mehr und mit Freude ohne Stress.“

Ihre Definition von Lebensqualität

Denken Sie an Ihre Lebensqualität. Was bedeutet für Sie Lebensqualität? Vielleicht, dass Sie
- viel arbeiten und trotzdem innerlich ruhig sind
- in Ihrem Beruf Erfüllung finden
- Ihre Ziele auch ohne Stress erreichen
- in jeder Situation voll präsent sind
- Ihre Gesundheit erhalten
- Ihre Persönlichkeit entwickeln
- an Ihren Aufgaben wachsen und reifen
- im Wohlstand leben
- die Welt durch Ihr Handeln verbessern
- die Situationen beherrschen und nicht beherrscht werden?

Machen Sie sich bewusst, was Lebensqualität für Sie persönlich bedeutet. Konkretisieren Sie Ihre Vorstellungen und setzen Sie diese Vision anstelle

Ihres Stressprogramms. Sonst wirken immer die alten, vorhandenen Programme, die Sie schon lange kennen.

2.3 Lebensqualität entsteht im Kopf

Alles Sehen, Hören, Fühlen, Riechen und Schmecken geschieht durch Ihr Gehirn. Es wertet immer. Neutralität gibt es nicht, denn wir haben für alles Vergleiche und Bewertungen. Unser Gehirn selektiert nicht nach logischen, sondern nach biologischen Kriterien. Nach Kriterien, die für das Überleben wichtig sind.

Kommen wir in eine gefährliche Situation, wird sofort Alarm geschlagen. Unser Programm will uns wie in früheren Zeiten schützen. Mittlerweile sind manche Reaktionsweisen jedoch überholt, sie sind heute nicht mehr notwendig. Die Selektion im Gehirn erfolgt aufgrund der eingespeicherten Programme.

Die Aufmerksamkeit steuern

Seine Aufmerksamkeit zu steuern ist gleichzusetzen mit bewusstem Denken und bewusstem Entscheiden. Stress können Sie im Grunde ganz einfach loswerden, denn er hängt an zwei Faktoren:

1. Sie haben sich zu viel vorgenommen oder
2. Sie haben falsche, überzogene Erwartungen.

1. Zu viel vorgenommen

Dieser Fall tritt häufig im Berufsleben auf, da die Zeit, die für eine Aufgabe benötigt wird, nicht richtig eingeschätzt wird. Auch im Privatleben entsteht Stress, wenn Sie die Zeit, die Ihnen zur Verfügung steht, auf zu viele Aktivitäten verteilen.

Stress gibt es bei jeder Arbeit, jeglicher Tätigkeit. Es kommt immer auf die Einstellung an, mit der Sie diese Arbeit erledigen. Nehmen Sie sich immer zu viel vor und machen Sie sich dann vielleicht auch noch Vorwürfe, dass Sie es nicht alles geschafft haben? Dann sollten Sie möglichst schnell dieses Buch zu Ende lesen und Ihre Einstellung gründlich überprüfen.

Auch Sie haben nur 24 Stunden und 1440 Minuten pro Tag zur Verfügung. Und wenn Sie immer das Gefühl haben, zu wenig Zeit für all Ihre Aufgaben zu haben, dann liegt es nahe, dass Sie nicht realistisch planen.

Die Frau eines Freundes hatte sich beklagt, dass sie zu wenig Zeit für sich selbst habe. Sie sei dauernd unter Stress – Kinder versorgen, Kinderchor, Mutter-und-Kind-Veranstaltungen und natürlich der ganze Haushalt. Als ich sie fragte, wie viel Zeit sie denn für sich haben möchte, meinte sie: „ja, einfach mehr". Ihr Mann richtete es daraufhin so ein, dass sie einen Abend in der Woche für sich hatte und manchmal auch ein Wochenende. Glauben Sie, sie hatte nach drei Monaten das Gefühl, mehr Zeit zu haben? Nein, denn für ihre freien Tage oder das Wochenende hatte sie sofort etwas Neues geplant. So war sie permanent unter Stress.

2. Falsche Erwartungen

Wenn Sie überzogene Erwartungen haben, werden Sie immer wieder enttäuscht werden und in die Stressfalle tappen. Schrauben Sie Ihre Erwartungen daher auf ein erträgliches Maß herunter. Nicht jeder denkt so wie Sie. Nicht jeder nimmt die Sachen so ernst. Für den anderen ist das, was für Sie sehr wichtig ist, vielleicht von geringer Bedeutung.

Sorgen Sie dafür, dass das, was Sie von sich selbst oder anderen verlangen, realistisch bleibt, damit Sie nicht enttäuscht werden. Eine Ent-Täuschung kann nur folgen, wenn Sie vorher unrealistische, überzogene Erwartungen hatten.

Enttäuschung kommt von Täuschung. Welcher Täuschung sind Sie unterlegen? Steuern Sie Ihre Aufmerksamkeit, indem Sie Ihre Erwartungen überprüfen. Die einzige Person, über die Sie die Kontrolle ausüben können, sind Sie selbst. Nur wer sich selbst managt, kann auch andere managen. Selbstmanagement sollte keine leere Phrase sein, sondern die Hauptaufgabe eines jeden Menschen.

Nehmen Sie sich nicht mehr vor, als Sie schaffen können. Lernen Sie, Ihre Zeit realistisch einzuschätzen. Hüten Sie sich vor Perfektion und Vorwürfen gegenüber sich selbst, falls Sie Ihr Pensum nicht schaffen. Planen Sie, was planbar ist, damit Sie Zeit haben für Ungeplantes.

2.4 Kreativ handeln statt reagieren

Reagieren bedeutet: Die Sache ist gelaufen, die Umstände sind, wie sie sind. Sie können nur noch ausbügeln, bereinigen – kurz: das Ergebnis feststellen. Wenn Sie dagegen kreativ handeln, schaffen Sie neue Möglichkeiten, eine neue Form. Kreativität hat nichts mit großen Erleuchtungserlebnissen zu tun. Kreativ sind Sie, wenn Sie neue Möglichkeiten andenken und es wagen, Neues zu probieren.

Erfolgsrezept Gedankendisziplin

Stress ist nicht kreativ, sondern reaktiv. Wenn Sie unter Stress stehen, fühlen Sie sich gefangen, in der Macht der Gewohnheit reagieren zu müssen. Auf den folgenden Seiten erfahren Sie, wie Sie einfach und sogar ohne Zeitaufwand Ihre Kreativität steigern können und Stress vermeiden. Der kleine und wirksame Schlüssel heißt Gedankendisziplin. Den Schlüssel tragen Sie schon in sich, Sie brauchen ihn nur noch umzudrehen.

Wenn Sie nicht unter Stress stehen, wird Ihr Leben eine neue Qualität bekommen.

- *Finden Sie zunächst heraus, warum Sie Stress haben. Welche Vorteile sind für Sie damit (vielleicht unbewusst) verbunden?*
- *Formulieren Sie Ihre Definition von Lebensqualität, die Sie gern erreichen möchten.*
- *Befreien Sie sich von perfektionistischer Einstellung sowie überzogenen und unrealistischen Erwartungen.*

30 MINUTEN

Was versteht man unter Gedankendisziplin?

Seite 36

Kennen Sie Ihre persönliche positive Formulierung gegen Stress?

Seite 37

Welche Ereignisse lösen häufig
Stress aus?

Seite 41

3. Gedankendisziplin – denn Stress beginnt im Kopf

Gehen wir davon aus, dass es in Ihrem Leben einige Umstände gibt, die jedes Mal, wenn sie auftreten, Stress auslösen. Der Stress wird in Ihrem Gehirn gestartet, indem sich ein Automatismus in Gang setzt. Dieser Automatismus heißt Denken und Interpretieren.

Wir denken immer. Entweder wir denken nach oder wir denken voraus. Die Basis für unser derzeitiges Denken ist die Vergangenheit. Daher leben wir oft nicht im Moment, sondern in dem, was wir erlebt haben.

Wahrnehmen statt nach-denken

Wahrnehmen heißt dagegen, den momentanen Ist-Zustand zu sehen. Stellen Sie sich folgende Situation vor: Sie begegnen einer Person, mit der Sie nur Schlechtes verbinden. In der Vergangenheit löste daher jedes Zusammentreffen mit ihr negative Reaktionen, Stress, bei Ihnen aus. Mit Gedankendisziplin und einer positiven Einstellung können Sie lernen, Ihre Reaktion zu steuern. Kommen Umstände auf Sie zu, die Sie bisher in Stress gebracht haben, dann können Sie entscheiden, ob Sie sich stressen lassen oder nicht. Zunächst müssen Sie sich jedoch diesen Mechanismus bewusst machen. Welch ein Gefühl ist es, von den Umständen beeinflusst, „ferngesteuert" zu werden?

Weniger Stress durch Gedankendisziplin

Gedankendisziplin – allein das Wort könnte Ihnen schon Unbehagen bereiten. „Disziplin" erinnert an die Kindheit, an die Schulzeit, überall mussten wir diszipliniert sein. Es liegt in unserer Natur, dass schon dieses Wort erneut unseren inneren Stresspegel höher steigen lässt, wenn es negativ besetzt ist. Sollte dies der Fall sein, dann verwenden Sie statt „Gedankendisziplin" eine andere Bezeichnung, z. B. „durchhalten", „dauerhaft", „konsequent", „fleißig" oder „achtsam".

Bedenken Sie: Große Leistungen erfordern immer Ausdauer und Disziplin. Und erst, wenn Sie wissen, was Sie denken, werden Sie nicht mehr gedacht. Erst wenn Sie wissen, dass Sie Ihr Leben selbst in der Hand haben, sind Sie in der Lage, konkrete Schritte zur Lösung zu unternehmen.

Ihr Ziel sollte sein, den Stress, der Sie hindert, der Sie die Gesundheit kostet, loszulassen, ihm einfach nicht mehr die Macht, die Aufmerksamkeit zu geben.

Stress im Kopf bewältigen

Da, wie wir festgestellt haben, Stress immer im Kopf entsteht, müssen Sie auch dort ansetzen, um ihn zu bewältigen. Formulieren Sie bewusst eine neue Überzeugung, die beispielsweise lauten kann:

- „Ich bin konzentriert und frei von Stress."
- „Ich bin konzentriert, ruhig und gelassen."
- „Ich bin entspannt und gelassen."
- „Ich erlaube mir Ruhe und Gelassenheit."

Programmieren Sie diesen Satz, den Sie jederzeit ändern können, in Ihr Gedächtnis ein. Auf diese Weise können Sie alte Reaktionsmuster überschreiben.

Die richtige Formulierung finden

Testen Sie, welcher Satz für Sie am besten ist. Bei welcher Formulierung fühlen Sie sich wohl?

- „Ich bin in jeder Situation ruhig und gelassen."
- „Ich bin konzentriert."
- „Je mehr Arbeit ich habe, umso ruhiger werde ich."
- „Ich erledige eine Sache nach der anderen."
- „Ich bestimme und ich entscheide."
- „Ich eliminiere einen Stressor nach dem anderen."
- „Ich weiß, was ich denke."
- „Ich bestimme mein Denken und mein Fühlen."
- „Ich bin ruhig und erreiche dadurch schneller und besser meine Ziele."

Es liegt an Ihnen, welche Formulierungen Sie verwenden. Sie müssen Ihnen gefallen und sollen bei Ihnen ein Wohlgefühl auslösen. Wenn Sie ein gutes Gefühl haben, wird Ihnen der Satz helfen. Verzichten Sie möglichst auf negative Formulierungen (nicht: „Ich bin nicht nervös", sondern „Ich bin gelassen.")

30 *Beginnen Sie damit, Stress gedanklich zu bewältigen. Disziplinieren Sie Ihre Gedanken, indem Sie einen Satz formulieren, der ausdrückt, dass Sie Ihr Leben selbst in der Hand haben.*

3.1 Mit Karten zur Gedankendisziplin

Prägen Sie sich Ihren Satz gut ein. Beschriften Sie dazu eine Karte in Größe einer Visitenkarte oder verwenden Sie selbst klebende Haftnotizen. Legen Sie diese Karte dort hin, wo Ihr Blick häufig hinwandert: in Ihr Zeitplanbuch, ans Telefon, auf den Schreibtisch, auf die Konsole im Auto. Und jedes Mal, wenn Ihr Blick auf die Karte fällt, wiederholen Sie im Geist die Aussage. Mit jedem Mal wird dieser Gedanke mehr zur Gewohnheit. Wenn Sie unter Druck stehen und Ihr Blick die Karte streift, dann läuft in Ihrem Kopf ab: „Ich bin konzentriert und frei von Stress."

Sobald Ihnen bewusst ist, dass Sie unter Stress stehen, haben Sie auch die Möglichkeit, diesen Zustand zu verlassen. Sie werden erkennen, dass Stress nicht sein muss; er entsteht immer dann, wenn Sie sich nicht unter Kontrolle haben.

Selbst denken und entscheiden

Die Technik mit den Karten arbeitet mit der Aufmerksamkeit. Sie können Ihre Gedanken steuern und haben die Möglichkeit, sich zu entscheiden. Bevor Ihnen das bewusst war, hatten Sie keine Wahl. Sie haben einfach funktioniert. Damit ist nun Schluss: Sie wissen, was Sie denken, also können Sie entscheiden, was Sie wollen.

Stress ist kein Garant für Leistung

Viele Menschen glauben, keine Leistung bringen zu können, wenn Sie nicht unter Stress stehen. Doch man braucht keinen Stress, um viel und schnell zu erledigen oder konzentriert und intensiv zu arbeiten.

Ihr Fahrplan zu weniger Stress

Zunächst müssen Sie die Entscheidung treffen, Ihr Leben wieder in die Hand zu nehmen. Sie lassen sich nicht durch Stress oder die Umstände steuern. Denken Sie an Ihre Verpflichtung sich selbst gegenüber! Ihre weiteren Schritte könnten sein:

- Fertigen Sie Karten mit positiven Formulierungen (vgl. Seite 38).
- Machen Sie sich einen konkreten Plan, wie Sie Ihre Ziele umsetzen.
- Verdeutlichen Sie sich die Gründe, warum Ihnen das so wichtig ist.
- Schreiben Sie auf, was Ihnen sonst noch wichtig ist.
- Vielleicht schaffen Sie sich ein Zeitplansystem an.
- Legen Sie sich ein persönliches Heft zur Kontrolle an.

- Führen Sie einige Übungen durch, die am Ende dieses Buches empfohlen werden (vgl. Seiten 58 ff. und 67ff.).

Sie können viel erreichen, wenn Sie sich Ihre Ziele bewusst machen und Ihre Aufmerksamkeit darauf lenken. Sie allein bestimmen Ihr Verhalten. Sie erzeugen Ihren Stress, Sie lassen es auch zu, dass der Stress Sie lebt. Genauso können Sie durch Gedankendisziplin Ihr Denken in die gewünschte Richtung lenken.

3.2 Die eigene Sichtweise ändern

Manchmal kann es hilfreich sein, seine Sicht auf die Dinge zu überdenken:
- Freuen Sie sich über viel Arbeit, anstatt sich zu ärgern.
- Freuen Sie sich über viele Termine, Sie sind gefragt.
- Freuen Sie sich über viele Besprechungen, Sie können etwas beitragen.
- Freuen Sie sich über viele Geschäftsreisen, Sie können viel erleben.

Die Umstände sind sowieso, wie sie sind. Ringen Sie ihnen das Beste ab – es ist Ihr Leben. Und vergeudete Zeit ist für immer vorbei. Es gibt Stressoren, die nicht in Ihrem Einflussbereich liegen, die Sie nicht verändern können.

Häufige Stressauslöser

Anfang der Siebzigerjahre hat Dr. Thomas Holmes eine Stressindextabelle veröffentlicht, die er in fast zwanzig Jahren Forschung erarbeitet hatte. Seine Forschung berücksichtigte die verschiedensten Ereignisse – vom Tod eines Ehepartners bis zum Strafzettel wegen falschen Parkens. 45 verschiedene Ereignisse zählt Dr. Holmes auf. Der höchste Wert, 100, steht für besonders belastende Situationen. Hier ein Auszug aus seiner Liste:

Tod des Ehepartners	100
Scheidung	73
Trennung vom Ehepartner	65
Tod eines nahe stehenden Familienmitglieds	63
Eigene Krankheit oder Verletzung	53
Schwangerschaft	40
Probleme in der Sexualität	39
Veränderungen am Arbeitsplatz	39
Berufswechsel	36
Schwierigkeiten mit dem Chef	23
Wohnungswechsel	20
Urlaub/Ferien	13
Weihnachtszeit	12

Stresswerte nach Dr. Holmes

Wenn mehr als 200 Punkte nach dieser Liste zusammenkommen, ist das Krankheitsrisiko der betreffenden Person sehr hoch.

Das Beste aus einer Situation machen

Wir können nicht beeinflussen, was alles passiert. Aber wir können in gewissem Ausmaß unsere Reaktion darauf steuern. Wenn im Beruf etwas nicht nach Ihren Vorstellungen gelaufen ist, dann können Sie die Vergangenheit nicht mehr ändern, wohl aber Ihr Verhalten jetzt und in Zukunft.

Napoleon Hill, ein amerikanischer Erfolgsautor schreibt: „Jede Widrigkeit des Schicksals birgt den Keim eines gleich großen, wenn nicht größeren Vorteils ins sich!" Verkürzt: In jedem Nachteil steckt ein Vorteil. Zugegeben, manchmal finden wir diesen lange nicht. Stress hat in dieser Hinsicht einen Vorteil: Er weist Sie darauf hin, etwas zu ändern. Resignieren Sie nicht, sondern schreiten Sie zur Lösung, und Sie haben schon gewonnen.

Im Lauf der Zeit hat jeder unbewusste, meist nicht gewollte Denk- und Handlungsmuster entwickelt. Diese Schemata sind programmiert, Sie können sie nur auflösen, wenn Sie neue Lösungen entgegenhalten.

- *Übernehmen Sie die Regie auf der Bühne Ihres Lebens und steuern Sie auf aufbauende, hilfreiche Strategien zu.*
- *Formulieren Sie Ihre persönliche Gewinnformel, die Sie dem Stress entgegensetzen.*

30 MINUTEN

Wissen Sie, wie Stress und Kritik zusammenhängen?

Seite 46

Können Sie das Gute in Ihrem Leben sehen?

Seite 48

Inwiefern beeinflussen Worte Ihre Gefühle?

Seite 51

4. Positive Einstellung als Grundhaltung

Alle Gefühle haben eine Qualität und ziehen ein bestimmtes Verhalten nach sich. Gefühle können beispielsweise Stress erzeugen oder zu höchsten Leistungen inspirieren. Um positiv zu fühlen, müssen Sie nicht immer schon positiv gewesen sein. Wenn Sie positiv fühlen möchten, können Sie dies jederzeit tun! Ihre Gedanken steuern Ihre Gefühle. Mit einer realistischen positiven Einstellung haben Sie die besten Voraussetzungen, um positive Gefühle in sich zu erzeugen.

Gefühle kann man beeinflussen

Stress wird meist durch negative Gefühle ausgelöst. Er kostet Energie, Kraft und hindert, das ist bekannt. Immer wieder höre ich Aussagen, die lauten: „Wie kann ich denn meine Gefühle beherrschen, sie sind doch einfach da?" Das stimmt nicht ganz. Gefühle haben wir gelernt. Natürlich sind Gefühle in der Grundform vorhanden, genauso wie Stress im Grunde immer in uns ist. Aber wir entscheiden, was wir fördern und leben und was wir gar nicht beachten. Wieso haben wir beispielsweise sofort ein schlechtes Gefühl, wenn wir kritisiert werden?

4.1 Wie Kritik und Stress zusammenhängen

Sie haben vermutlich zu irgendeinem Zeitpunkt festgelegt, dass Kritik schlecht ist. Und nun folgt jedes Mal, wenn Sie kritisiert werden, ein negatives Gefühl. Dabei ist Kritik nur Meinung. Die Meinung eines anderen. Egal ob gut oder schlecht – es ist einfach eine Meinung.
Statt sich von kritischen Bemerkungen stressen zu lassen, können Sie bewusstes Denken dagegensetzen.

Die Einstellung zur Kritik ändern
Ich empfehle Ihnen, in Zukunft anders mit Kritik umzugehen, um Stress zu vermeiden. Wenn Sie jemand verbal angreift oder kritisiert, dann haben Sie nur zwei Möglichkeiten:

1. Entweder hat der andere Recht und Sie haben etwas übersehen oder es falsch gesehen oder
2. Der andere ist im Unrecht und er äußert seine abweichende Meinung.

In beiden Fällen können Sie etwas lernen. Wenn die Kritik berechtigt ist, können Sie sich weiterentwickeln. Sie erkennen vielleicht, was Sie bisher übersehen haben. Insofern sollten Sie Ihrem Kritiker sogar dankbar sein, er hat Ihnen etwas bewusst gemacht. Abraham Lincoln sagte: „Höre auf deine Feinde, sie sind ehrlicher als manche Freunde."

Wenn die Kritik unberechtigt ist, können Sie den anderen fragen, wie seine Worte gemeint sind. Stellen Sie ihm einige gezielte Fragen. Wenn Sie merken, dass er eine vollkommen andere Sicht hat, versuchen Sie, ihm Ihren Standpunkt zu erklären. Sollte der andere dann immer noch bei seiner Meinung bleiben, sage ich immer: „Ich erkenne, dass Sie eine andere Sicht haben, und ich akzeptiere dies. Aber bitte akzeptieren Sie auch meine Sicht, denn ich bin anderer Meinung. Erkennen wir also, dass wir beide Recht haben, nur andere Standpunkte."

Eine solche Haltung erspart viel Stress und Ärger. Und tatsächlich ist es so: Jeder von uns hat Recht – aus seiner Sicht. Zu hinterfragen, ob die Sicht des anderen tatsächlich stimmt, ist eine andere Sache.

Gefühle können Sie steuern. Mit positiven Gedanken können Sie positive Gefühle erzeugen. Steuern Sie Ihre Gedanken – und Sie steuern Ihre Gefühle. Halten Sie sich vor Augen: Sie haben ein Gefühl, Sie sind nicht das Gefühl. Was Sie haben, können Sie auch wieder loswerden. Was Sie sind, das sind Sie. Wir sagen ja auch „ich habe Stress" und nicht „ich bin Stress".

4.2 Die guten Seiten sehen

Erlauben Sie sich das zu genießen, was Sie schon haben. Schärfen Sie den Blick für das Angenehme, das Gute, das Sinnvolle, das, was Ihnen im Leben wichtig ist.

Was immer Sie empfinden, ob es Stress oder Freude auslöst – Sie haben es vorher gedacht. Über manche Umstände haben Sie sich vielleicht schon jahrelang Gedanken gemacht. Tun Sie dies nun ganz gezielt für die verschiedenen Bereiche Ihres Lebens:

In Ihrem Beruf
- Was schätzen Sie an Ihrer Firma?
- Was schätzen Sie an Ihrer Arbeit?
- Was schätzen Sie an Ihren Kollegen?
- Welche großartigen Möglichkeiten bietet Ihnen Ihr Beruf?
- Sind Sie viel unterwegs? Welche Vorteile hat dies?
- Haben Sie immer viel um die Ohren? Was können Sie daraus lernen?
- Welche Vorteile haben Sie, wenn Sie viel Verantwortung tragen?

In der Familie
- Was schätzen Sie an Ihrem Partner?
- Erfreuen Sie sich an Ihren Kindern?
- Welche positiven Seiten haben Ihre Eltern?
- Freuen Sie sich noch an Ihrem Besitz?

- Wertschätzen Sie das, was Sie gemeinsam geschaffen haben?
- Erkennen Sie an, wenn Sie gesund sind?

In der Natur
- Erfreuen Sie sich an den wechselnden Jahreszeiten?
- Können Sie einen Spaziergang genießen?
- Sehen Sie die vielen Wunder, die die Natur hervorbringt?
- Können Sie frische Bergluft genießen?
- Freuen Sie sich noch über die wärmenden Sonnenstrahlen?

Generell
- Sind Sie immer so beschäftigt, dass das Leben an Ihnen vorbeizieht?
- Erlauben Sie sich sportliche Freuden, ohne sich in Druck und Konkurrenzkampf zu verlieren?
- Genießen Sie die Annehmlichkeiten, die Sie sich geschaffen haben, oder ist einfach alles selbstverständlich?
- Finden Sie für alles, was Ihnen guttut, eine Ausrede oder erlauben Sie sich, Ihr Leben zu genießen?

Sie werden erkennen, dass es vielfältige, ja unbegrenzte Möglichkeiten gibt, gute Gefühle zu erzeugen. Sie brauchen nur danach zu suchen, sie sind vorhanden. Hören Sie gerne Musik, unterhalten Sie sich gerne, beobachten Sie gerne Sterne am Himmel – was immer in

Ihnen gute Gefühle auslöst, sollten Sie bewusst genießen.

Schwierige Umstände meistern

Es ist nicht entscheidend, wie Ihre Umstände im Moment sind. Auch wenn Sie in einer schwierigen Situation stecken, liegt es doch in Ihrer Hand, diese zu meistern. Sie können den Umständen nicht ausweichen – ändern Sie stattdessen Ihren Blickwinkel. Sie haben zwei Möglichkeiten:

1. Entweder Sie können die Umstände ändern oder
2. Sie müssen Ihre Einstellung ändern.

So hart dies auch klingen mag, andere Möglichkeiten haben wir nicht. Stress entsteht immer dann, wenn wir diese Realität nicht akzeptieren. Dadurch machen wir uns zu einer Marionette der Umstände. Und ist das wirklich einfacher für Sie?

Erlauben Sie sich positive Gefühle, sooft es geht. Schärfen Sie Ihren Blick für das, was Ihnen guttut, was Ihnen Freude macht und Ihrer Gesundheit förderlich ist. Positive Gefühle erzeugen eine positive Ausstrahlung. Stress wird dadurch bereits in seinen Wurzeln erstickt.

4.3 Worte beeinflussen Ihre Gefühle

Haben Sie schon einmal bewusst auf Ihre Worte geachtet? Kennen Sie Ihr Vokabular? Ist es bestückt mit Worten, die aufbauen und gute Gefühle erzeugen? Oder sprechen Sie häufig von dem, was Ihnen nicht gefällt? Stellen Sie immer fest, was die Politiker alles falsch machen, wie miserabel das letzte Fußballspiel war, dass Ihr Chef überhaupt nicht führen kann? Ihre Mitarbeiter haben sowieso keine Ahnung, alles müssen Sie ihnen sagen.

Denken und sprechen Sie negativ?

Kann es sein, dass Sie mit Ihrem Beruf nicht zufrieden sind und nur all das entdecken, was negativ ist? Nörgeln Sie in Ihrer Firma an allem und jedem herum, kritisieren Sie alles und bemühen Sie sich trotzdem nicht um eine neue Stelle bei einer anderen Firma? Sprechen Sie laufend davon, wie viel Sie leisten müssen, wie sehr Sie unter Stress und Druck stehen? Teilen Sie bei jeder Gelegenheit mit, wie schlimm es mit Ihrer Gesundheit steht?

Vielleicht sprechen Sie auch noch häufig und ausgiebig mit anderen, was Ihr Partner alles falsch macht, wie ungerecht er Sie behandelt. Möglicherweise beschweren Sie sich auch bei Ihren Freunden über die unmögliche Einstellung Ihres Partners?

Natürlich werden Sie sich in all diesen Punkten nicht wieder erkennen. Aber ich kann Ihnen versichern, dass es Menschen gibt, auf die ein Großteil der genannten Einstellungen zutrifft.

Negative Worte versetzen in schlechte Stimmung

Die Sprache bestimmt Ihr Gefühl. Mit Ihren Aussagen steuern Sie sich in die Stresszone oder Sie manövrieren sich heraus. Welche Gefühle werden wohl in Ihnen erzeugt, wenn Sie beispielsweise folgende Formulierungen gebrauchen:

- „Immer dasselbe!"
- „Immer habe ich die ganze Arbeit."
- „Schon wieder alles auf einmal."
- „Eigentlich wollte ich das ja nicht tun."
- „Immer dieser Stress."
- „Wieso bekomme immer ich die Arbeit, die niemand machen will?"
- „Ich will endlich keinen Stress mehr haben."
- „Ich will nicht darüber diskutieren."
- „Meine Frau macht mir immer Vorwürfe, dass ich zu viel arbeite."
- „Meine Kinder wollen ständig etwas mit mir unternehmen."

Solche oder ähnliche Aussagen richten Ihren Blickwinkel auf Stress, auf das Negative.

Sprache erzeugt Energie

Mit einem Lob können Sie Menschen zu Höchstleistungen anspornen, mit negativen Worten sie dagegen demotivieren. Genauso ergeht es Ihnen persönlich. Sie haben immer und jederzeit eine Instanz in sich, die alles akribisch aufzeichnet: Jedes Wort, jedes Gefühl, alles wird miteinander verknüpft. Dabei geht nichts verloren, nicht mal der kleinste und nebensächlichste Gedanke. Ihr Gehirn registriert alles, ohne Ausnahme. An manches können Sie sich besser erinnern, an anderes weniger. Das liegt unter anderem an der Intensität und an der Wiederholung. Jedes Wort ist mit bestimmten Gefühlen verknüpft. Um auf Dauer Stress loszuwerden, ist es daher unumgänglich, dass Sie Ihre Sprache beobachten und gegebenenfalls andere Formulierungen verwenden.

„Immer dasselbe!"

Im Grunde gar nicht schlimm, aber was verbirgt sich hinter diesen Worten? Sagen Sie „immer dasselbe", wenn es genauso schön und erfolgreich ist wie beim letzten Mal? Benutzen Sie diese Aussage, um einen guten Zustand zu bestätigen? Wohl kaum! Normalerweise verwenden wir diese Aussage, um unserem Unmut Ausdruck zu verleihen. Welchen Unterschied macht es, wenn Sie stattdessen sagen „Aha, die Situation kenne ich schon. Es ist an der Zeit, diese zu ändern."

- Statt „Immer habe ich die ganze Arbeit" könnten Sie sagen: „Ich habe viel Arbeit und ich werde jetzt sehen, was ich delegieren kann."

● Statt: „Meine Frau macht mir immer Vorwürfe, dass ich zu viel arbeite" denken Sie: „Meine Frau hat Recht, ich arbeite zu viel. Ich will jetzt sehen, was ich ändern kann, um in Zukunft mehr Zeit für die Familie zu haben."

Manche Formulierungen mögen Ihnen ungewohnt erscheinen. Während die negativen Worte Stress erzeugen, sind die vorgeschlagenen Alternativen auf eine Lösung ausgerichtet. Sie erzeugen Gelassenheit, indem sie einen anderen Blickwinkel aufzeigen.

Hinderliche Wörter:	ersetzen durch:
eigentlich	(ganz weglassen)
vielleicht	(ganz weglassen)
ich muss	ich kann, ich will
aber	und
immer	diesmal

Eine positive Grundeinstellung hilft Ihnen, Ihren Stress zu bewältigen.

30

- *Versuchen Sie die positive Seite in allem zu sehen. Aus Kritik beispielsweise können Sie lernen, sich weiterentwickeln.*
- *Ihre Sprache erzeugt Energie. Achten Sie daher darauf, nicht ständig negative Formulierungen zu verwenden. Mit optimistischen Worten gehen Sie den ersten Schritt zur Stressbewältigung.*

30 MINUTEN

Kennen Sie die kleinen einfachen Strategien gegen den Stress?

Seite 58

Wie können Sie Reisezeiten nutzen, um Stress abzubauen?

Seite 60

Ist Ihnen bewusst, dass Sport ein wunderbares Mittel gegen Stress ist?

Seite 64

5. Stress vermeiden, Stress loslassen

Um Stress abzubauen bieten sich verschiedene Übungen an, die mit der Ausführung Ruhe und Gelassenheit, Konzentration und Entspannung bringen. Wie viel Zeit wollen Sie sich dafür nehmen? Ich habe in meiner Trainertätigkeit Tausende von Menschen kennen gelernt, die trotz vieler Arbeit, trotz voller Terminbücher immer die Zeit gefunden haben, Stress abzubauen – ja, ihn gar nicht erst aufkommen zu lassen.

„Ich habe keine Zeit" ist eine gefährliche Einstellung. Es kann bedeuten, dass Sie irgendwann alle Zeit der Welt haben, wenn Ihr Körper nicht mehr mitmacht. Sagen Sie sich lieber, „dafür habe ich keine Zeit". Denn mit dieser Aussage machen Sie deutlich, dass Sie selbst bestimmen, wofür Sie sich Zeit nehmen.

Wofür haben Sie Zeit?

Haben Sie für Stress Zeit? Prima, Sie killen damit Ihre Gesundheit. Haben Sie Zeit für Konzentration, für Entspannung und für das, was Ihnen Lebensqualität bringt? Dann sind Sie der Macher, dann leben Sie – andernfalls werden Sie gelebt. Übernehmen Sie die Verantwortung für Ihr Leben. Was Sie auf den ersten Blick Zeit kostet, kann Ihnen sehr viel Zeit sparen.

5.1 Möglichkeiten im Büro

Während Sie arbeiten, werden immer wieder Faktoren auf Sie zukommen, die Stress auslösend sind. Halten Sie diesen Ihren Willen zur inneren Ruhe entgegen. Dazu sind manche äußeren Gegebenheiten hilfreich.

1. Schaffen Sie Übersicht und Ordnung

Ein überfüllter Schreibtisch, Berge von Akten zehren an Ihrem Nervenkostüm. Das Gefühl „ich habe so viel zu tun und komme sowieso nicht nach" raubt Ihnen viel Energie und produziert unnötigen Stress. Sollten Sie tatsächlich zu viel Arbeit haben, dann stapeln Sie nach der Wichtigkeit. Räumen Sie alles aus Ihrem Blickfeld, was mit dem momentanen Vorgang nicht in Zusammenhang steht. Äußere Ordnung bewirkt Ordnung im Innern und spendet Ihnen Energie. Unordnung dagegen raubt Energie, kostet Kraft und bringt Stress.

2. Erledigen Sie eine Sache nach der anderen

Im Berufsalltag können Sie sich häufig nicht abschirmen, um in Ruhe an Ihren einzelnen Aufgaben zu arbeiten. Akzeptieren Sie das, wenn Sie es nicht ändern können; lassen Sie sich dadurch nicht stressen. Wichtig ist, welche Haltung Sie einnehmen. Sie können ein Telefonat führen, Besucher empfangen und eine andere Aufgabe parallel erledigen, wenn Sie flexibel sind und sich dabei wohl fühlen. Stress kommt von innen, nicht von außen. Von außen kommen nur die Umstände.

3. Schaffen Sie sich Erinnerungspunkte

Kleben Sie eine Haftnotiz mit Ihrem persönlichen Satz zur Gedankendisziplin (vgl. Seite 38) in Ihr Blickfeld. Jedes Mal, wenn Ihr Blick auf diesen Zettel fällt, überprüfen Sie Ihre Haltung. Wenn Sie dabei bemerken, dass der Stress Sie im Griff hat, rufen Sie sich in Erinnerung: „Ich bin ruhig, erledige eine Sache nach der anderen und gebe stets mein Bestes."

4. Konzentrieren Sie sich

Richten Sie Ihre Aufmerksamkeit auf das, was Sie gerade ansehen. Fokussieren Sie das Nächste, das Sie sehen. Halten Sie Ihren Blick mit höchster Konzentration für zwei bis drei Sekunden und kehren Sie dann wieder zu Ihrer Aufgabe zurück. Diese einfache Übung hilft Ihnen, sich auf eine Sache zu konzentrieren. Ganz unbewusst reduziert sich der Stress bei Ihnen, während Sie den Gegenstand anschauen. Wenn Sie auf diese Weise gelernt haben, sich einer Sache gezielt zuzuwenden, wird Ihnen das auch in übertragenem Sinn – bei Überforderung durch zu viele Aufgaben – gelingen.

Ganz simple Tricks helfen Ihnen dabei, Ihren Stress zu bewältigen: Ordnen Sie Ihren Schreibtisch und sortieren Sie Ihre Unterlagen nach Dringlichkeit. Widmen Sie sich konzentriert Ihrer jeweiligen Aufgabe und akzeptieren Sie Störungen, wenn Sie diese nicht abschalten können.

5.2 Möglichkeiten beim Autofahren

Während des Autofahrens kommt bei vielen Menschen Stress auf, doch genauso können Sie diese Zeit nutzen, um sich zu entspannen. Rechnen Sie einmal die Zeit zusammmen, die Sie im Auto verbringen; es wird eine ganze Menge sein. Was können Sie während der Fahrt alles unternehmen:

- Radio hören
- CDs hören
- nachdenken
- telefonieren
- sich unterhalten.

Da Mobilität immer stärker gefragt ist, werden die Zeiten unterwegs immer mehr Raum einnehmen. Nutzen Sie diese Leerzeiten, die ich auch gerne Lernzeiten nenne. Wenn Sie Gedankendisziplin üben, wird Ihnen Radiohören auf die Dauer keinen Spaß bereiten. Die Nachrichten wiederholen sich stündlich, es wird unnötig gequasselt und Sie werden mit Werbung bombardiert. Das mindert nicht Ihren Stresspegel. Hören Sie sich einmal am Tag die Nachrichten an, dann wissen Sie, was los ist, und bestimmen Sie über die restliche Zeit.

Seinen Horizont erweitern durch Hören

Machen Sie Ihre Zeit unterwegs zu einer der interessantesten Zeiten. Besorgen Sie sich einige CDs zu Themen, die Sie interessieren: zu Erfolg, Gesundheit, Zeitmanagement, Ihrem eigenen Fachgebiet oder zu Romanen.

Wenn Sie täglich nur eine Stunde im Auto unterwegs sind, dann können Sie wöchentlich 5 Stunden, monatlich 20 Stunden und bei 10 Monaten Arbeit jährlich bereits 200 Stunden mit Bildung und Lernen verbringen. Das entspricht fünf vollen 40-Stunden-Wochen. Und das alles ohne zusätzlichen Zeitaufwand!

Ich selbst benutze auch englische Hörbücher meines Fachgebietes. Damit erreiche ich zwei Ziele auf einmal: Erstens erweitere ich mein Fachwissen und zweitens lerne ich Englisch. Es spielt keine Rolle, wenn ich anfangs nicht alles verstehe, ich kann die CD ja beliebig oft hören. Schaffen Sie sich zusätzlich einige schöne CDs an mit einer Musik, die Sie lieben.

Auf diese Weise können Sie Stress abbauen

- Wenn Sie CDs hören, beschäftigt sich Ihr Geist mit diesen Informationen. Sie lernen außerdem hinzu.
- Sie bestimmen, was mit Ihrer Zeit geschieht. Durch Gedankendisziplin entscheiden Sie, was Sie denken.

- Kommen Stressgefühle auf, erkennen Sie diese an und sagen Sie sich: „Jetzt fahre ich Auto, jetzt kann ich nichts ändern. Jetzt höre ich einfach zu; erst später mache ich mir wieder Gedanken."
- CDs geben Ihnen den erwünschten Input, Ihre Gedanken werden gelenkt. Somit ist automatisch, wenn überhaupt, weniger Stress vorhanden.

Mit Mantras arbeiten

Beim Musikhören sind Ihre Gedanken nicht unmittelbar beschäftigt. Hier ist es sinnvoll, bestimmte, für Sie wichtige Sätze im Kopf zu haben. Aus der indischen Kultur kennen wir den Begriff des Mantra. Ein Mantra ist ein Wort oder ein Satz, der gar keine Bedeutung haben muss und der im Geist ständig wiederholt wird. Arbeiten auch Sie mit Mantras, für die Sie sinnvolle, aussagekräftige Sätze wählen, z. B.:
- „Ich bin ruhig und konzentriert."
- „Ich fahre sicher und konzentriert."
- „Ich fühle mich gut."
- „Ich bin hellwach und konzentriert."
- „Ich freue mich auf das nächste Gespräch."
- „Meine Nerven sind entspannt."
- „Ich fahre sicher und gelassen."

Kein Stress im Stau

Wenn Sie im Stau stehen, ist die Stresswahrscheinlichkeit besonders hoch. Sagen Sie sich in einer solchen Situation: „Es bringt nichts, wenn ich mich ärgere, dadurch komme ich nicht schneller voran. Ich bleibe ruhig und gelassen, damit schone ich mich. An der Situation kann ich nichts ändern." Hören Sie Ihre Lieblingsmusik und genießen Sie die Zeit. Auch wenn Sie einen wichtigen Termin verpassen: Es ändert sich nichts, wenn Sie sich aufregen, im Gegenteil – Sie schaden sich dadurch. Die Situation ist, wie sie ist.

Sehen Sie die Zeit, in der Sie mit dem Auto unterwegs sind, als Zeit für Sie persönlich: Sie können nachdenken, CDs hören und sich ganz sich selbst widmen. Lassen Sie sich durch einen Stau nicht stressen – die Situation ist, wie sie ist.

5.3 Möglichkeiten im Zug und im Flugzeug

Wenn Sie mit diesen Verkehrsmitteln unterwegs sind, haben Sie zusätzlich die Möglichkeit, zu lesen. Außerdem können Sie alle Konzentrationsübungen, durch die Sie Stress abbauen, anwenden (vgl. Seite 67ff.). Kombinieren Sie bei längeren Reisen zwei bis drei Möglichkeiten – vom konzentrierten Lesen Ihrer Akten über das Hören von CDs bis zur geistigen Wiederholung Ihrer „Ruheformulierungen".

Nutzen Sie die Zeit auf Reisen, um sich ungestört mit dem zu beschäftigen, was Ihnen wichtig ist. Im Zug oder Flugzeug können Sie sogar lesen.

5.4 Möglichkeiten während des Sports

Stressabbau ist bei Aktivität sehr gut möglich. Wenn ich morgens laufe, dann ist der Tag in Ordnung. Ich habe dabei auch die besten Ideen. Egal, welchen Sport Sie ausüben – ob Fitness, Radfahren, Laufen, Schwimmen, Tennis, Golf oder Kegeln –, jeder bietet Ihnen die Möglichkeit, Stress abzubauen und zu entspannen. Die Voraussetzung dafür ist Gedankendisziplin, also Ihre bewusste Entscheidung. Entscheiden Sie sich, ganz dort zu sein, wo Ihr Körper ist. Wenn Sie spielen, spielen Sie bewusst und mit Freude. Dazu können Sie sich erziehen.

Nicht übertreiben

Meine Nichte reitet sehr gerne, aber für sie muss es immer extrem sein. „Ich brauche das so, es muss immer schwierig sein, so bin ich." Das Ergebnis: Knie kaputt, Wirbelsäule beschädigt, aber „ich bin so". Mit dieser Haltung ist Sport kein Spaß, sondern Belastung. Er erzeugt Stress, obwohl das Gegenteil der Fall sein sollte.

Ehrgeizig, aber nicht verkrampft

Hüten Sie sich vor übertriebenem Ehrgeiz, der einer verkrampften Haltung im Beruf nahe kommt. Seien Sie ruhig ehrgeizig, der Beste zu sein, am besten konzentriert zu sein, die besten Schläge auszuführen, den größten Gewinn aus der Bewegung zu holen. Wenn Sie sich

darauf konzentrieren, können Sie nicht verkrampft sein. Sie sind entspannt, und so bauen Sie Stress ab.
Geben Sie Ihrem Körper durch die Bewegung Signale – Signale der totalen Präsenz, der vollkommenen Beherrschung, der Entspannung. Verbinden Sie jede Bewegung mit einer internen, Ihnen hilfreichen Formel.

Sie können sich im Geiste sagen:
- „Ich bin entspannt und voll konzentriert.“
- „Ich genieße diese Minuten.“
- „Ich fördere mit jedem Atemzug meine Gesundheit.“
- „Ich tanke Energie.“
- „Ich freue mich an meinem Fortschritt.“
- „Mit jeder Übung werde ich besser.“
- „Jede Bewegung fördert meine Gesundheit.“
- „Ich höre auf meinen Körper und kenne meine Grenzen.“

Es bieten sich im Alltag zahlreiche Möglichkeiten, um Stress zu vermeiden oder ihn zu bewältigen.
- *Ordnung und Übersicht am Arbeitsplatz helfen Ihnen, eine Struktur in die Vielzahl Ihrer Aufgaben zu bringen.*
- *Sehen Sie Reisezeiten als Möglichkeit, sich auf sich selbst zu konzentrieren.*
- *Planen Sie Zeit für Sport ein. Durch die körperliche Betätigung verliert manches, was Sie stresst, an Bedeutung.*

30 MINUTEN

Kennen Sie Übungen für den Alltag, um Stress abzubauen?

Seite 67

Welche Konzentrationstechniken können Sie zu mehr Ruhe führen?

Seite 74

Wissen Sie, wie Sie Ihre Zeit am besten planen?

Seite 82

6. Die Kraft der Konzentration

Konzentration ist Aufmerksamkeit. Worauf achten Sie, was machen Ihre Gedanken, Ihre Gefühle mit Ihnen? Diese bewusst, also gewollt, zu steuern, bedeutet das Leben zu steuern. Dafür brauchen Sie Aufmerksamkeit. Worauf Sie Ihre Aufmerksamkeit richten, dorthin fließt Ihre Lebenskraft. Und die Lebenskraft ist nicht unendlich. Sie zu vergeuden bedeutet, den Nährboden für Krankheit und Stress zu bereiten. Gerade wenn Sie das Gefühl haben, im Stress zu ersticken, ist es höchste Zeit, wieder zu bestimmen und zu entscheiden. Sie funktionieren nach Ihrem momentanen Programm, bis Sie es durch ein neues überlagern.

6.1 Übungen für den Alltag

Konzentration verhindert Stress und bringt Ruhe. Die folgenden einfachen Übungen können Sie jederzeit anwenden, wenn Sie merken, dass Sie aus dem Gleichgewicht geraten.

Das Öffnen der Faust

Diese Übung hilft Ihnen, eine innere Anspannung zu lösen. Setzen Sie sich gerade hin und legen Sie Ihre Faust locker auf Ihren Schenkel. Es ist dabei nicht wichtig, welche Hand Sie benutzen. Halten Sie die Faust geschlossen und beobachten Sie diese. Öffnen Sie dann langsam, in Zeitlupe, Ihre Hand und richten Sie Ihre Aufmerksamkeit zuerst auf Ihren Daumen. Beobachten Sie ihn ganz genau. Lassen Sie sich Zeit und achten Sie dabei auf Ihren Atem. Sie werden spüren, dass Sie beinahe „vergessen" zu atmen. Anfänglich ruckt der Daumen noch leicht, was mit der Zeit abnimmt. Sie können diese Übung eine Minute, aber auch zehn Minuten durchführen. Nachdem der Daumen ganz abgestreckt ist, wiederholen Sie das Ganze mit Zeige-, Mittel- und Ringfinger. Sie bestimmen die Zeit. Mit dieser Übung holen Sie Ihre Aufmerksamkeit wieder zurück zu sich.

Das Punktsehen

Diese Übung bietet sich immer dann an, wenn Sie Ihren Blick schweifen lassen können, beispielsweise im Zug, Flugzeug, Büro oder beim Essen. Suchen Sie sich in einer beliebigen Entfernung einen Punkt aus und richten Sie auf diesen Ihre Konzentration. Nehmen Sie diesen Punkt wahr und Sie werden erleben, dass innerhalb von Sekundenbruchteilen Ruhe in Ihre Gedanken kehrt. Das kann sich allerdings schnell wieder ändern. Wählen Sie daher einen anderen Gegenstand als Konzentrationspunkt – vielleicht ein Bild an der Wand, das Blatt einer Zimmerpflanze, einen Türgriff oder einen Lichtschalter. Sehen Sie diese Gegenstände an und „versetzen" Sie sich in sie hinein. Damit ist gemeint, dass Ihre Gedanken nur bei diesem Gegenstand sind. Wechseln Sie nach etwa zwei bis drei Sekunden den Gegenstand Ihrer Konzentration, sobald sich die Gedanken einschalten und Sie abschweifen.

Aufmerksames Lesen

Lesen kann ein wahrer Genuss, genauso gut aber auch stressig sein. Die Zeitschriften und Fachartikel, Bücher und E-Mails, die Sie lesen müssen, können Sie ganz schön in Anspruch nehmen. Unterscheiden Sie zwischen genussvollem Lesen und dem Lesen als Arbeitsvorgang. Es gibt bestimmte Schnelllesetechniken, mit denen Sie sich vertraut machen sollten, wenn Sie beruflich viel zu lesen haben (vgl. Literaturempfehlung auf Seite 94). Sie können lernen, im entspannten Zustand zu lesen, dem Zustand, in dem Ihr Unterbewusstsein am aufnahmefähigsten ist. Nebeneffekte sind innere Ruhe, höchste Konzentration, Zeitersparnis und eine bessere Behaltensquote. Sie glauben es nicht? Verstehe ich, und daher empfehle ich Ihnen, sich damit zu beschäftigen. Es lohnt sich.

Durch Lesen zur Ruhe kommen

Der Weg, den ich Ihnen jetzt vorschlage, ist nicht die schnelle Informationsaufnahme, sondern das Erreichen der inneren Ruhe, wenn Sie merken, dass Sie innerlich unruhig, ja gestresst werden.

Nehmen Sie sich irgendetwas Geschriebenes und lesen Sie ganz langsam. Einen Buchstaben nach dem anderen. Ziehen Sie ein Wort in die Länge. Werden Sie immer langsamer. Atmen Sie dabei immer ruhiger und tiefer. Erziehen Sie Ihren Blick dazu, nur jeweils einen Buchstaben zu sehen.

I-c-h l-e-s-e g-a-n-z l-a-n-g-s-a-m.

I-c-h w-e-r-d-e d-a-b-e-i i-m-m-e-r r-u-h-i-g-e-r.

Dies erfordert anfänglich Konzentration und Mühe. Üben Sie einfach zwischendurch während des Lesens oder wenn Sie merken, dass sich Ihr Stresspegel erhöht.

Lachen

Ein fröhliches Gesicht ist überall gern gesehen. Lachen erheitert die Welt. „Lache und die Welt lacht mit dir, weine und du weinst alleine", lautet ein alter Spruch. Lachen ist die beste Medizin gegen Stress, garantiert ohne Nebenwirkungen. Jeder unserer Muskeln hat einen direkten Draht zu unserem Gehirn. Lachen bewirkt eine Produktion von Serotonin, dem Glückshormon. Je mehr Sie lachen, umso mehr Glücksgefühle werden in Ihrem Gehirn erzeugt. Sie brauchen nicht in schallendes Gelächter zu fallen, es genügt ein inneres Lächeln. Ziehen Sie die Mundwinkel leicht hoch, lächeln Sie in sich hinein – und Ihre Stimmung hebt sich. Sie haben keinen Grund zu lachen? Dann wird es Zeit, einen zu finden. Nehmen wir den einfachsten: gesund zu bleiben und stressfrei zu leben.

Lachen Sie in sich hinein, wenn Sie einen Witz lesen. Wenn Sie alleine sind, lächeln Sie vor sich hin. Amüsieren Sie sich innerlich. Wenn Sie einem Menschen ins Gesicht schauen, lächeln Sie ihn an. Wenn Sie jemand böse anschaut, lächeln Sie. Wenn Sie zu ernst werden, lächeln Sie.

Das Lächeln

Ein Lächeln kostet nichts,
ist aber teurer als Gut und Geld.
Es bereichert den Empfänger, ohne den Geber arm zu machen.
Das Lächeln dauert oft nur einen Augenblick, dennoch bleibt eine Erinnerung daran, manchmal fast immer.
Darum denke dran und lächle.

(Autor unbekannt)

Eine heitere Fröhlichkeit ist die beste Pille gegen Stress, Ärger und Anspannung. Genießen Sie Ihren Stress, denn Sie können ihn weglachen. Sie entscheiden. Lächeln Sie bei jeder Gelegenheit.

Bewusst atmen

Wir werden geatmet. Sie können nicht ausatmen ohne den unwiderstehlichen Drang, wieder einzuatmen. Es atmet uns. Die Atmung ist für die Stressreduktion ein wichtiger Faktor. Der Atemtherapeut Johannes Walter sagt: „23.000 Atemzüge in 24 Stunden sind 23.000 Gelegenheiten, Lebenskraft zu schöpfen."

Reduzieren Sie Stress, indem Sie bewusst tief einatmen. Stress entsteht häufig bei flacher Atmung. Atmen Sie jetzt tief ein und sagen Sie sich in Gedanken: „Ich atme Ruhe ein." Beim Ausatmen sagen Sie sich: „Ich atme Unruhe aus." Machen Sie so fünf bis zehn Atemzüge und spüren Sie, wie mehr Ruhe, mehr innere Gelassenheit in Ihnen Platz nimmt. Achten Sie darauf, tief in Ihren Bauch und nicht in die Brust zu atmen.

Sich auf den Atem konzentrieren

Eine andere Möglichkeit ist, den Atem einfach zu beobachten. Spüren Sie bewusst, wie Sie durch die Nase einatmen und wieder ausatmen. Verändern Sie dabei nichts, beobachten Sie nur. Bitte haben Sie keine Angst, falsch zu atmen. Der Körper sorgt schon für die richtige Atmung. Was Sie allerdings lernen können, ist ruhig und tief zu atmen. Bei Stress dagegen atmen Sie flach und unregelmäßig.

Summen

Beginnen Sie mit einem tiefen Ausatmen. Wenn Sie fast die ganze verbrauchte Luft los sind, beginnen Sie zu summen. Das Gehirn wird dadurch beruhigt, die Organe werden massiert. Stress verschwindet. Holen Sie durch die Nase tief Luft und singen Sie während des folgenden Ausatmens jeweils einen Vokal – bei jedem Ausatmen einen anderen: I, E, O, U, A. Atmen Sie immer sieben Sekunden ein und singen Sie dann sieben Sekunden lang. Öffnen Sie dabei den Mund und den Rachenraum. Zum Abschluss nehmen Sie noch das „Sch" und das „M". Das „Sch" wie beim Beruhigen eines Kindes und das „M" mit geschlossenem Mund, bis die Lippen kitzeln.

Üben Sie mehre Male täglich, zu Hause oder im Auto, und Ihre Organe werden es Ihnen danken. Das „I" wirkt beruhigend auf das Gehirn, die Augen und Ohren. Das „E" auf den Hals, das „O" auf das Herz, das „U" auf den Unterleib, das „A" für Hände und Füße. Das „M" beruhigt den ganzen Körper.

Augen palmieren

Reiben Sie Ihre Handflächen zehn oder zwanzig Sekunden aneinander und legen Sie sie auf Ihre geschlossenen Augen. Decken Sie die Augen mit den gewölbten Handflächen ganz ab und achten Sie darauf, dass Sie Ihre Lider nicht berühren. Sie werden sofort eine wohlige Ruhe empfinden. Palmieren Sie, solange Sie möchten – eine bis fünf Minuten sind eine gute Zeit. Sie werden spüren, dass Ihre Augen entspannen und der Stress nachlässt.

Leichte Kopfmassage

Legen Sie Zeige- und Mittelfinger an die Schläfen und massieren Sie diese ein bis zwei Minuten. Sehr beruhigend ist es auch, die Finger auf die Stirnhöcker, drei bis vier Zentimeter über den Augenbrauen, zu legen. Richten Sie Ihre Aufmerksamkeit auf diesen Punkt und nehmen Sie Ihren Puls wahr. Spüren Sie, wie Ruhe einkehrt, der Puls ruhiger wird und Sie innerhalb von Sekunden Stress loslassen können.

 Es gibt viele einfache Übungen, die Sie im Alltag durchführen können und die Ihnen helfen, Ihren Stress zu bewältigen: Bewusstes Atmen, konzentriertes Lesen, Palmieren oder Kopfmassage. Wichtig dabei ist, dass Sie Ihre Aufmerksamkeit konzentrieren.

6.2 Bewährte Konzentrationstechniken

Wir geben im Folgenden einen kurzen Überblick über bewährte Methoden, mit denen Sie lernen, sich auf Ihre eigene Mitte zu konzentrieren. Aus Platzgründen können wir nur eine kurze Einführung geben; es gibt jedoch zahlreiche Bücher und Kurse, die Ihnen die jeweilige Methode näher bringen.

Autogenes Training
Der Vater des autogenen Trainings, Johannes Heinrich Schultz aus Berlin, hat mit dieser Methode nicht nur Stress beseitigt und die Lebensqualität erhöht, sondern

auch Krankheiten geheilt. Autogenes Training wird mittlerweile von vielen Therapeuten und Ärzten angeboten. Diese Technik arbeitet mit ständigen Wiederholungen von Suggestionen wie „Mein linker Arm ist schwer", „mein rechter Arm ist schwer" etc. Dadurch richten Sie Ihre ganze Aufmerksamkeit auf das entsprechende Körperteil. Probieren Sie es einmal aus, Sie werden erstaunt sein, welche Wirkung Ihre Worte haben können!

Progressive Muskelentspannung nach Jacobson

Bei dieser Technik gehen Sie nicht gleich in die Entspannung, sondern spannen zuerst die Muskeln richtig an und lassen sie dann gezielt los. Halten Sie die Spannung jeweils einige Sekunden und lösen Sie sie dann. Beginnen Sie mit der Faust, spannen Sie dann den Unterarm an, anschließend den Oberarm. Zuerst eine Seite, dann die andere, dann beide gemeinsam. Sie können so alle Muskelpartien im Körper durchgehen. Sie werden erleben, dass Sie bei dieser Methode sehr schnell Ihre Aufmerksamkeit konzentrieren und so den Stress von außen enorm reduzieren können.

Das Alpha-Training

Mit dieser Methode trainieren Sie, sich in Entspannung zu versetzen und so einen direkten Einfluss auf Ihr Gehirn auszuüben. Die Gehirnwellen lassen sich nach Frequenzen unterscheiden:

- Beta-Wellen: 30 bis 14 Hertz (gemessen mit einem EEG-Gerät). Diese Frequenz von Gehirnströmen haben wir im normalen Tagesbewusstsein. Je mehr wir erregt sind, umso höher die Frequenz, wodurch Stress entsteht. Sie bauen automatisch Stress ab, wenn Sie die Frequenz verringern.
- Die Alpha-Wellen schwingen zwischen 13 und 7 Hertz. In dieser Phase sind Sie schon im Ruhezustand. Aufregung ist hier nicht mehr möglich. Das bedeutet nicht, dass Sie schlafen, im Gegenteil, Sie können sogar hellwach sein. Erinnern Sie sich an einen Theaterbesuch, bei dem Sie ganz entspannt und aufmerksam das Geschehen verfolgt haben. Die Welt um Sie herum war verschwunden, Sie lauschten und beobachteten die Darstellung. Als die Vorstellung vorbei war, mussten Sie sich sammeln. Es kostete Sie Mühe aufzustehen. Das war Alpha-Entspannung. Oder erinnern Sie sich an eine lange Autofahrt auf einer Strecke, die Sie schon öfter gefahren sind. Plötzlich waren Sie am Ziel und wussten gar nicht mehr, wie Sie dort hingekommen sind. Auch das kann Alpha gewesen sein.
- Theta-Wellen und Delta-Wellen entstehen im Schlaf und Tiefschlaf.

Für den Stressabbau ist die Entspannungsphase, die Alpha-Phase, in der Ihr Gehirn sehr ruhig und aufnahmefähig ist, am wichtigsten.

So bringen Sie sich in die Alpha-Phase

- Setzen Sie sich an einen ruhigen und bequemen Ort und schließen Sie die Augen. Zählen Sie rückwärts von zehn bis eins. Langsam und ruhig. Bei eins angelangt denken Sie: „Ich bin nun entspannt, ruhig und gelassen. Ich bin in meiner Ruhe, jegliche Spannung fällt von mir ab. Ich bin ruhig und gelassen. Jedes Mal, wenn ich nun rückwärts von zehn bis eins zähle, entspanne ich mich leichter und besser. Ich bin dann vollkommen ruhig. Meine Nerven sind entspannt, ich genieße diese Ruhe."

- Bleiben Sie einige Minuten in diesem Zustand, den Sie sehr gut für positive Suggestionen nutzen können. Nach einigen Minuten sagen Sie sich in Gedanken: „Gleich zähle ich bis fünf, und bei fünf bin ich dann wieder hellwach. Ich werde dann die Augen öffnen und mich frisch und wohl fühlen. Eins-zwei-drei, bei fünf öffne ich die Augen, bin wieder ganz im Hier und Jetzt und fühle mich ruhig, frisch und erholt, vier-fünf." Öffnen Sie die Augen, recken und strecken Sie sich.

Sie brauchen den Text nicht wörtlich zu wiederholen, halten Sie sich einfach an den folgenden Ablauf:

1. Augen schließen.
2. Von zehn bis eins rückwärts zählen.
3. Bei eins formulieren Sie Ihre gewünschten positiven Suggestionen gegen Stress.
4. Anschließend zählen Sie wieder hoch bis zehn.

Wenn Sie diese Übung im Liegen ausführen, dann ist es leicht möglich, dass Sie einschlafen. Für kurze Übungen empfehle ich daher die Sitzposition.

Meditation

In östlichen Religionen ist Meditation die Hauptmethode, um körperliches und seelisches Gleichgewicht zu erlangen. Meditation ist einfach Nicht-Denken. Sie können diese Methode bei vielen Gelegenheiten anwenden, wenn Sie sie erlernt haben.

- Schließen Sie die Augen und beobachten Sie Ihre Gedanken. Verändern Sie Ihren Atem nicht, kontrollieren Sie ihn auch nicht, sondern beobachten Sie das Karussell Ihrer Gedanken. Dadurch, dass Sie Ihre Aufmerksamkeit auf Ihre Gedanken richten, werden diese immer ruhiger. Bewerten Sie nicht die Qualität Ihrer Gedanken. Verhalten Sie sich wie ein neutraler Beobachter. Verändern Sie auch nichts. Es wird sich verändern. Sie werden spüren, wie die Gedanken an Intensität abnehmen. Sie werden Ihre Gedanken anfänglich stark, dann immer weniger springen sehen. Freuen Sie sich, entspannt zu sein. Freuen Sie sich, so ruhig zu sein.
- Nach einigen Minuten können Sie Suggestionen einbauen wie z. B.:
  - „Ich bleibe heute den ganzen Tag ruhig, entspannt und gelassen."
  - „Ich bleibe in der Ruhe und konzentriert."
  - „Ich freue mich auf die heutigen Aufgaben."

– „Ich erledige mehr in weniger Zeit und mit innerer Ruhe."

Indem Sie sich konzentrieren, können Sie Stress abbauen. Es gibt zahlreiche bewährte Methoden dazu, z. B. autogenes Training, progressive Muskelentspannung oder Alpha-Training.

6.3 Dem Stress davonlaufen

Bewegung ist ein wunderbares Mittel, um Stress hinter sich zu lassen. Laufen – und dabei meine ich nicht rennen – bewirkt, dass Sie Stress abbauen und Ihren Körper stärken. Ich laufe sechs bis sieben Mal die Woche. Immer wieder werde ich gefragt, woher ich die Zeit nehme. Meine Antwort lautet immer: Weil ich wenig Zeit habe, nehme ich mir die Zeit für das Laufen. Ich will es mir nicht leisten, krank zu sein. Ich will es mir nicht leisten, meinen Körper zu vergessen. Ich will es mir nicht leisten, den Ärzten, der Arbeit, dem Geld die Macht über meine Gesundheit zu überlassen.

An die Zukunft denken

Fragen Sie sich: „Was passiert mit meiner Gesundheit, wenn ich mich weiter so verhalte? Wo werde ich in drei, vier oder zehn Jahren sein?" Sind Sie dann ruhiger, entspannter und weiser? Oder sind Sie dann ausgelaugt, gestresst, unausstehlich, dauernd unter Druck und vielleicht sogar richtig krank? Kennen Sie den Spruch: „Viele Menschen ruinieren in der ersten Hälfte ihres Lebens ihre Gesundheit, um zu Geld zu kommen. Und in der zweiten Hälfte ihres Lebens geben sie das Geld aus, um ihre Gesundheit wiederzuerlangen." Kann das Ihr Ziel sein?

Mit dem richtigen Puls laufen

Laufen Sie im Sauerstoffüberschussbereich, dem Bereich, der Ihnen ein Wohlgefühl bereitet. Sie schwitzen dann auch, aber Sie stressen sich nicht. Das Wichtigste dabei ist, dass Sie mit einem Puls laufen, bei dem Fett verbrannt wird (ausführliche Informationen dazu in „30 Minuten für Höchstleistungen im Beruf", vgl. Seite 94). Angenehme Nebeneffekte dabei sind:
1. Der Stress verschwindet.
2. Laufen macht Ihnen Spaß und Freude.
3. Sie verbrennen Fett.
4. Sie fördern Ihre Gesundheit.
5. Sie verbessern Ihr Immunsystem bis zu 30 Prozent.
6. Sie bleiben gesund und vital.
7. Sie versorgen Ihr Gehirn mit mehr Sauerstoff.

Alternative: Walking

Anstelle des Laufens bietet sich auch das Walking, das schnelle Gehen, an. Im Grunde hilft Ihnen jede Sportart, Stress abzubauen, sofern Sie auf Ihren Körper hören und Ihre Leistungsgrenze anerkennen. Stress im Sport entsteht durch überzogene Ansprüche. Denken Sie daher an Ihre Gesundheit, nicht an Ihr Ego. „Wer andere beherrscht, hat Macht, wer sich selbst beherrscht, ist weise." *Konfuzius*

Brauchen Sie im Sport Gesellschaft, dann suchen Sie sich Bekannte, die Ihnen Gesellschaft leisten. Oder gehen Sie in einen Fitnessclub, wo Sie unter Anweisung trainieren können. Haben Sie diese Zeit nicht, dann denken Sie darüber nach, wie Sie diese Zeit finden.

Stress abbauen in der Natur

Wann waren Sie das letzte Mal auf einem Berg oder an einem See? Wann haben Sie das letzte Mal einen Spaziergang unternommen? Wann das letzte Mal einen Sonnenuntergang beobachtet oder eine Schneeballschlacht gemacht? Sie können sich nicht erinnern? Ist doch schade. Und so vergeht ein Jahr um das andere in vollem Stress. Mach einer merkt vor lauter Stress gar nicht, wie seine Kinder erwachsen werden.

Haben Sie eine Entscheidung gegen den Stress getroffen, dann treffen Sie noch eine Entscheidung: für Freude, für Wahrnehmung, für alles Schöne im Leben. Die Natur liefert uns herrliche Gelegenheiten dafür. Einen Spaziergang bewusst unternehmen, die Seele baumeln lassen und jeden Schritt genießen – das sind natürliche Stresslöser. Alles, was Sie dazu brauchen, ist Ihr Wille. Sich wichtiger zu nehmen als alles andere.

Die Seele entspannen

Wann waren Sie das letzte Mal in einer Sauna? Sauna ist für den Körper anstrengend, doch für die Seele beruhigend. Sollten Sie keine Erfahrung damit haben, empfiehlt es sich, zuerst einen Arzt zu fragen. Saunen hat den Vorteil, dass Sie dort nichts aktiv tun können. Sie können nur liegen und entspannen. Wenn Sie dann noch Stress lösende Suggestionen verinnerlichen, können Sie Stress loslassen.

 Sport und das intensive Erleben der Natur sind hervorragende Möglichkeiten, den Stress zu vergessen.

6.4 Stress vermeiden durch richtige Zeitplanung

Mit einer guten Zeitplanung vermeiden Sie Stress, und Erfolg wird Ihnen leichter fallen. Haben Sie sich schon einmal folgende Fragen gestellt:

- Was ist Zeitplanung?
- Warum ist Zeitplanung so schwierig?
- Was hindert mich denn, meine Zeit zu planen?

Ich behaupte, Sie planen schon Ihre Zeit. Wer entscheidet denn, wie Sie vorgehen? Wer bestimmt denn, was Sie wie und wann tun? Die anderen? – nein, Sie selbst! Die anderen können Ihnen viel auftragen; wie Sie das angehen, bestimmen Sie selbst. Nichtplanen ist auch Planen. Sie planen dann eben, alles laufen zu lassen.

Zeit ist unbestechlich

Zeit ist. Was Sie mit Ihrer Zeit anfangen, ist Ihre Entscheidung. Eine Stunde bleibt eine Stunde, vergeudet oder genutzt. Voller Freude und Energie oder voller Stress und mit Depressionen. Eine Stunde hat immer 60 Minuten.

Wenn Sie einen Garten besitzen, wird Ihnen aufgefallen sein, dass Sie im Frühjahr kein Unkraut säen müssen, damit es wächst. Sie brauchen Ihren Garten nur nicht zu bearbeiten, dann kommt es von ganz alleine. Die Natur sorgt durch den Samenflug für genügend Unkraut. Der Wind sät und Sie erfahren das Ergebnis. Nichtstun ist also auch ein Tun. Wenn Sie sich Ihre Zeit nicht einteilen, dann werden das andere oder die Umstände für Sie tun. Die Entscheidung liegt immer bei Ihnen. Peter F. Drucker, der bekannte Managementpapst, sagte: „Die meisten Manager vergessen, dass sie nur eine einzige Person managen können müssen, nämlich sich selbst."

Zeitplanung selbst kann bereits Stress sein. Wenn Sie Ihre Ansprüche zu hoch schrauben, wenn Sie die Perfektion suchen und sich keine Freiräume einräumen, dann werden Sie bald zusätzlich Stress haben.

Welcher Zeitplantyp bin ich?

Mister/Misses Genau:

- Ich bevorzuge eine genaue Vorgehensweise.

- Ich fühle mich wohl, wenn alles minutiös geplant ist.
- Ich hasse Unterbrechungen.
- Ich arbeite am liebsten allein an einem Projekt.

Mister/Misses Flexibel:
- Ich mag nicht alles strukturiert haben.
- Ich brauche Freiraum, das fördert meine Kreativität.
- Ich mag Ablenkung und muss darauf achten, dass ich bei der Sache bleibe.
- Ich kann mehrere Dinge gleichzeitig erledigen, das spornt mich an.

Entsprechend planen und handeln
- Mister und Misses Genau werden sich mit detaillierter Planung wohl fühlen und dadurch Stress vermeiden – Arbeitsblöcke zu bilden und eine Sache nach der anderen abzuarbeiten liegt ihnen. Zeitplanung wird ihnen helfen, strategisch und ohne Stress vorzugehen.
- Mister und Misses Flexibel haben zwar Zeitplanung nötig, werden aber durch zu pedantische Planung erneut unter Stress gesetzt. Es ist ihnen zu empfehlen, großzügig je nach Wichtigkeit der Aufgaben zu planen, auch wenn es ihnen überhaupt nicht leicht fällt.

In der gleichen Serie ist das Buch „30 Minuten für optimales Zeitmanagement" erschienen (vgl. Seite 94). Ich empfehle Ihnen dies anzuschaffen. Dort finden Sie einfache Schritte und Methoden zur Zeitplanung.

Sinnvolle Lebens-Zeit
Folgendes Zitat, das ich zu Weihnachten 1996 von einem guten Freund geschenkt bekam, trifft das Ergebnis sinnvollen Zeitmanagements am besten:

Ich wünsche Dir nicht alle möglichen Gaben.
Ich wünsche Dir nur, was die meisten nicht haben.
Ich wünsche Dir Zeit, Dich zu freuen und zu lachen, und
wenn Du sie nützt, kannst Du etwas daraus machen.
Ich wünsche Dir Zeit für Dein Tun und Dein Denken, nicht
nur für Dich selbst, sondern auch zum Verschenken.
Ich wünsche Dir Zeit nicht zum Hasten und Rennen, son-
dern Zeit zum Zufriedenseinkönnen.
Ich wünsche Dir Zeit, nicht nur zum Vertreiben.
Ich wünsche, sie möge Dir übrigbleiben,
als Zeit für das Staunen und Zeit für Vertrauen, anstatt
nach der Zeit auf der Uhr zu schauen.
Ich wünsche Dir Zeit, nach den Sternen zu greifen, und
Zeit, um zu wachsen, das heißt um zu reifen.
Ich wünsche Dir Zeit, neu zu hoffen, zu lieben. Es hat kei-
nen Sinn, diese Zeit zu verschieben.
Ich wünsche Dir Zeit, zu Dir selber zu finden, jeden Tag,
jede Stunde als Glück zu empfinden.
Ich wünsche Dir Zeit, auch um Schuld zu vergeben.
Ich wünsche Dir: Zeit zu haben zum Leben!

Elli Micheler

In Zukunft: weniger Stress

Ich wünsche Ihnen viel Freude beim Umsetzen dieser Anregungen. Sie alleine haben es in Ihrer Hand, was aus Ihrem Leben wird. Es muss nicht stressig sein, es kann auch intensiv und trotzdem voller Freude sein.

Weisheit ist die Umsetzung des Wissens. Erkenntnis ist das Kennen, ohne selbst alle Fehler machen zu müssen. Steuern Sie Ihre Gedanken und Ihre Handlungen, dann handeln Sie weise und aus Kenntnis. Ihr Körper wird es Ihnen danken.

Anschrift des Autors:

Antony Fedrigotti
Erfolgsstrategien
Steinerne Furt 78
86167 Augsburg
Fon: 0821-749 93 58
Fax: 0821-749 93 60
www.fedrigotti.de
info@fedrigotti.de

Fast Reader

1. Was ist Stress?

Wie die Natur, so sollten auch Sie sich ständig weiterentwickeln. Stillstand bedeutet Rückschritt. Nehmen Sie sich jedoch nicht zu viel vor, sonst entsteht Stress. Konzentrieren Sie sich immer auf das, was Sie gerade tun. Schritt für Schritt werden Sie so zu guten Ergebnissen kommen – und das ohne Stress.
Stress ist eine Reaktion unseres Körpers auf Gefahren, die seit Tausenden von Jahren gleich geblieben sind, obwohl sich die Umweltbedingungen geändert haben. Durch die ausgeprägte, der heutigen Umwelt nicht mehr angemessene Hormonausschüttung entsteht Stress.

Stress ist eine Reaktion Ihres Körpers auf Belastungen.
- **Lassen Sie Veränderungen in Ihrem Leben zu. Nur wer sich weiterentwickelt, bleibt nicht stehen.**

- *Stress ist kein Beweis dafür, dass Sie viel zu tun haben, dass Sie wichtig sind. Stress ist vielmehr ein Zeichen dafür, dass Sie Ihr Leben nicht im Griff haben.*
- *Unterscheiden Sie zwischen Disstress, der Ihnen Energie raubt, und Eustress, der Sie zu neuen Leistungen beflügelt.*

2. Lebensqualität statt Stress

Wenn Sie unter Stress stehen, hat das einen Grund. Sie wurden nicht mit Stress geboren, sondern haben ihn erlernt. Ihre ganz persönliche so genannte Gewinnformel liefert Ihnen einen Grund, warum Sie den Stress zulassen. Versuchen Sie herauszufinden, welche Vorteile es Ihnen (scheinbar) bringt, Stress zu haben. Erst dann können Sie Ihren Stress bewältigen.

Machen Sie sich bewusst, was Lebensqualität für Sie persönlich bedeutet. Konkretisieren Sie Ihre Vorstellungen und setzen Sie diese Vision anstelle Ihres Stressprogramms. Sonst wirken immer die alten, vorhandenen Programme, die Sie schon lange kennen.

Nehmen Sie sich nicht mehr vor, als Sie schaffen können. Lernen Sie, Ihre Zeit realistisch einzuschätzen. Hüten Sie sich vor Perfektion und Vorwürfen

*gegenüber sich selbst, falls Sie Ihr Pensum nicht
schaffen. Planen Sie, was planbar ist, damit Sie
Zeit haben für Ungeplantes.*

Wenn Sie nicht unter Stress stehen, wird Ihr Leben eine neue Qualität bekommen.
- **Finden Sie zunächst heraus, warum Sie Stress haben. Welche Vorteile sind für Sie damit (vielleicht unbewusst) verbunden?**
- **Formulieren Sie Ihre Definition von Lebensqualität, die Sie gern erreichen möchten.**
- **Befreien Sie sich von perfektionistischer Einstellung sowie überzogenen und unrealistischen Erwartungen.**

3. Gedankendisziplin – denn Stress beginnt im Kopf

*Beginnen Sie damit, Stress gedanklich zu bewältigen. Disziplinieren Sie Ihre Gedanken, indem Sie
einen Satz formulieren, der ausdrückt, dass Sie Ihr
Leben selbst in der Hand haben.
Sie können viel erreichen, wenn Sie sich Ihre Ziele
bewusst machen und Ihre Aufmerksamkeit darauf
lenken. Sie allein bestimmen Ihr Verhalten. Sie erzeugen Ihren Stress, Sie lassen es auch zu, dass
der Stress Sie lebt. Genauso können Sie durch*

Gedankendisziplin Ihr Denken in die gewünschte Richtung lenken.

Im Lauf der Zeit hat jeder unbewusste, meist nicht gewollte Denk- und Handlungsmuster entwickelt. Diese Schemata sind programmiert, Sie können sie nur auflösen, wenn Sie neue Lösungen entgegenhalten.

- **Übernehmen Sie die Regie auf der Bühne Ihres Lebens und steuern Sie auf aufbauende, hilfreiche Strategien zu.**
- **Formulieren Sie Ihre persönliche Gewinnformel, die Sie dem Stress entgegensetzen.**

4. Positive Einstellung als Grundhaltung

Gefühle können Sie steuern. Mit positiven Gedanken können Sie positive Gefühle erzeugen. Steuern Sie Ihre Gedanken – und Sie steuern Ihre Gefühle. Halten Sie sich vor Augen: Sie haben ein Gefühl, Sie sind nicht das Gefühl. Was Sie haben, können Sie auch wieder loswerden. Was Sie sind, das sind Sie. Wir sagen ja auch „ich habe Stress" und nicht „ich bin Stress".
Erlauben Sie sich positive Gefühle, sooft es geht. Schärfen Sie Ihren Blick für das, was Ihnen guttut,

was Ihnen Freude macht und Ihrer Gesundheit förderlich ist. Positive Gefühle erzeugen eine positive Ausstrahlung. Stress wird dadurch bereits in seinen Wurzeln erstickt.

Eine positive Grundeinstellung hilft Ihnen, Ihren Stress zu bewältigen.
- **Versuchen Sie die positive Seite in allem zu sehen. Aus Kritik beispielsweise können Sie lernen, sich weiterentwickeln.**
- **Ihre Sprache erzeugt Energie. Achten Sie daher darauf, nicht ständig negative Formulierungen zu verwenden. Mit optimistischen Worten gehen Sie den ersten Schritt zur Stressbewältigung.**

5. Stress vermeiden, Stress loslassen

Ganz simple Tricks helfen Ihnen dabei, Ihren Stress zu bewältigen: Ordnen Sie Ihren Schreibtisch und sortieren Sie Ihre Unterlagen nach Dringlichkeit. Widmen Sie sich konzentriert Ihrer jeweiligen Aufgabe und akzeptieren Sie Störungen, wenn Sie diese nicht abschalten können.
Sehen Sie die Zeit, in der Sie mit dem Auto unterwegs sind, als Zeit für Sie persönlich: Sie können

nachdenken, CDs hören und sich ganz sich selbst widmen. Lassen Sie sich durch einen Stau nicht stressen – die Situation ist, wie sie ist.
Nutzen Sie die Zeit auf Reisen, um sich ungestört mit dem zu beschäftigen, was Ihnen wichtig ist. Im Zug oder Flugzeug können Sie sogar lesen.

Es bieten sich im Alltag zahlreiche Möglichkeiten, um Stress zu vermeiden oder ihn zu bewältigen.
- *Ordnung und Übersicht am Arbeitsplatz helfen Ihnen, eine Struktur in die Vielzahl Ihrer Aufgaben zu bringen.*
- *Sehen Sie Reisezeiten als Möglichkeit, sich auf sich selbst zu konzentrieren.*
- *Planen Sie Zeit für Sport ein. Durch die körperliche Betätigung verliert manches, was Sie stresst, an Bedeutung.*

6. Die Kraft der Konzentration

Eine heitere Fröhlichkeit ist die beste Pille gegen Stress, Ärger und Anspannung. Genießen Sie Ihren Stress, denn Sie können ihn weglachen. Sie entscheiden. Lächeln Sie bei jeder Gelegenheit.
Es gibt viele einfache Übungen, die Sie im Alltag durchführen können und die Ihnen helfen, Ihren Stress zu bewältigen: Bewusstes Atmen, konzen-

triertes Lesen, Palmieren oder Kopfmassage. Wichtig dabei ist, dass Sie Ihre Aufmerksamkeit konzentrieren.

Indem Sie sich konzentrieren, können Sie Stress abbauen. Es gibt zahlreiche bewährte Methoden dazu, z. B. autogenes Training, progressive Muskelentspannung oder Alpha-Training.

Sport und das intensive Erleben der Natur sind hervorragende Möglichkeiten, den Stress zu vergessen.

Weiterführende Literatur

- Birkenbihl, Vera F.: Freude durch Streß. Landsberg [12]1998.

- Demann, Frank: Highspeed Reading. Offenbach 2000.

- Fedrigotti, Antony: Entspannung und mentales Training. Augsburg 2003.

- Fedrigotti, Antony: Zum Erfolg geboren. Augsburg [4]2000.

- Pramann, U./Spitzbart, M./Löhr, J.: Mehr Energie fürs Leben. München 2000.

- Scheele, Paul R.: Photo Reading. Paderborn [2]1996.

- Seiwert, Lothar J.: 30 Minuten für optimales Zeitmanagement. Offenbach [2]1999.

- Strunz, U./Schwarz, H./Konnertz, D.: 30 Minuten für Höchstleistungen im Beruf. Offenbach 1999 (lieferbar als E-Book).

Register

Alpha-Training 75f.
Atmen 71f.
Aufmerksamkeit 29, 67
Autofahren, Stressabbau
     beim 60ff.
Autogenes Training 74f.

Büro, Stressabbau im
     58ff.

Disstress 19f.

Einstellung 50
-, negative 51ff.
-, positive 45ff.
Erwartungen, falsche 31
Eustress 19f.

Faust öffnen (Übung) 68
Flugzeug, Stressabbau im
     63
Formulierung
-,gegen Stress 37f.
-, negative 52

Gedankendisziplin 32,
     35ff., 59, 64

Gefühle 45, 51f.
Gewinnformel 25f.
Gründe für Stress 24ff.

Hill, Napoleon 42
Holmes, Dr. Thomas 41

Jacobson 75

Karten für die Gedanken-
     disziplin 38ff.
Konzentration 14, 59,
     67ff.
Konzentrationstechniken
     74ff.
Kopfmassage 73f.
Körperliche Belastung
     12, 19
Körperliche Reaktion 17
Kreativität 32f.
Kritik 46ff.

Lachen 70f.
Laufen 79ff.
Lebensqualität 24ff.
Lesen, aufmerksames
     (Übung) 69

Mantra 62
Meditation 78f.

Ordnung 58

Palmieren 73
Progressive Muskelent-
    spannung 75
Punktsehen (Übung) 68f.

Schultz, Johannes Heinrich
    74
Selye, Hans 17f.
Sichtweise ändern 40ff.
Sport, Stressabbau beim
    64f.
Stress in der Freizeit 16

Stressauslöser 16, 41
Stressdefinition 17f.
Stressentstehung 15ff.,
    29ff.
Stresstest 8f.
Stresswerte (nach Dr.
    Holmes) 41
Summen (Übung) 72f.

Umstände 50

Walking 80f.
Weiterentwicklung 13f.

Zeitplanung 30, 82ff.
Zug, Stressabbau im 63